POURQUOI SOMMES-NOUS CHRÉTIENS SOCIAUX ?

COUP D'ŒIL HISTORIQUE, RELIGIEUX ET ÉCONOMIQUE
SUR LE CHRISTIANISME SOCIAL FRANÇAIS

PAR

ELIE GOUNELLE

Pasteur à Paris
Directeur de la *Revue du Christiansme social*

PARIS — LIBRAIRIE FISCHBACHER

EN VENTE AU

FOYER SOLIDARISTE

SAINT-BLAISE ET ROUBAIX

—

1909

LE CHRISTIANISME SOCIAL

REVUE MENSUELLE

EXPÉRIENCES RELIGIEUSES — MORALE SOCIALE
QUESTIONS ÉCONOMIQUES

Fondateur et Administrateur :

G. CHASTAND, 87 bis, av. d'Orléans, Paris.

Rédacteur en Chef :

ELIE GOUNELLE, 2, place d'Anvers, Paris.

Cette Revue dont chaque numéro a 50 pages de te... au moins est *la moins chère, la plus actuelle, la plus utile,* à toute personne qui veut se tenir au courant du mouvement social et étudier sérieusement les questions les plus actuelles et les plus intéressantes qui s'imposent à l'étude et à l'esprit de tous les chrétiens.

Cette Revue est largement ouverte aux communications de l'Association et aux travaux de ses Membres.

UN AN : FRANCE ET ETRANGER, 6 FRANCS

Abonnements pour la Suisse, au FOYER SOLIDARISTE,
Saint-Blaise.

POURQUOI SOMMES-NOUS

CHRÉTIENS SOCIAUX ?

COUP D'ŒIL HISTORIQUE, RELIGIEUX
ET ÉCONOMIQUE
SUR LE CHRISTIANISME SOCIAL FRANÇAIS

PAR

ÉLIE GOUNELLE

Pasteur à Paris
Directeur de la *Revue du Christianisme social*

EN VENTE AU
FOYER SOLIDARISTE
SAINT-BLAISE ET ROUBAIX

1909

A L'ÉGLISE RÉFORMÉE D'ALAIS
ET A LA SOLIDARITÉ D'ALAIS,

A L'ÉGLISE RÉFORMÉE DE ROUBAIX
ET A LA SOLIDARITÉ DE ROUBAIX,

*je dédie très respectueusement ce modeste plaidoyer
en faveur du grand rêve que nous avons, sous le
nom de Christianisme social, bien souvent contemplé
ensemble, et qui devient plus que jamais, l'inquiétude dominante de nos âmes, notre vœu révolutionnaire, notre vision glorieuse, et notre suprême
prière :*

« IL FAUT QU'IL RÈGNE ! »

E. GOUNELLE.

1889-1909

Pourquoi sommes-nous Chrétiens Sociaux ?

Essai historique, religieux et économique sur le Christianisme social français (¹)

Il est sans doute bien imprudent et bien téméraire de ma part de me faire l'avocat du Christianisme social et surtout d'oser aborder, à la lumière de la conscience et de l'Evangile, le problème économique. Il faudrait, pour mener à bien une telle entreprise, non seulement de la bonne volonté, mais une compétence économique à laquelle je ne saurais prétendre : c'est assez dire que je réclame votre indulgence pour un travail dont je sens plus que personne les énormes et peut-être inévitables lacunes. Je dis « inévitables », car nul encore, à ma connaissance, n'a réussi à formuler avec une précision

(1) Ce travail a été lu, sous une forme un peu plus condensée, au Congrès de « l'Association Protestante pour l'étude pratique des questions sociales », réuni à Paris en 1908.

suffisante cette tendance générale, cet esprit nouveau, ce mouvement mondial qu'on nomme *le Christianisme social*. C'est du reste l'une des caractéristiques du Christianisme social qu'il ne satisfait pas ceux à qui il s'impose : une inquiétude mystérieuse nous oblige toujours à le dépasser... Nous sommes les Tantale du Royaume de Dieu !

Il est difficile de définir un idéal en marche. Et si nous devons tenir compte de toutes les expériences positives qui constituent le fondement historique et psychologique du Christianisme social, il faut qu'il soit bien entendu que la part du subjectivisme et des jugements de valeur est nécessairement considérable en un tel sujet. Il y a *Christianisme social* et *Christianisme social*. Nous nous efforcerons, sous ce nom, d'exposer ce qui a été dit, à notre sens, de plus efficace parmi les chrétiens sociaux aussi bien que parmi les socialistes chrétiens pour répondre aux justes sommations de la conscience moderne et de la démocratie. Nous tâcherons donc d'aborder le Christianisme social et ses problèmes non par les côtés faciles, sentimentaux ou philanthropiques, mais si possible, en alpiniste un peu téméraire, par les côtés abrupts et dans le prolongement périlleux de la ligne de faîte.

Faisons tous un effort loyal, sous le regard du Père, pour saisir le Christianisme social — tel qu'il se manifeste au sein du protestantisme, — et ne permettons pas un seul instant au capital ou à des intérêts de classe, d'église ou de parti, d'inspirer ou de dominer notre pensée, soit religieuse, soit économique : c'est là la première condition *sine quâ non* d'une discussion honnête et féconde ; la seconde condition, toute positive, étant la libre et intégrale expression des idées dans l'absolu respect de la vérité aperçue et dans l'amour mutuel des personnes.

***

A la question posée : «pourquoi sommes-nous chrétiens sociaux? » il faudrait donner, *premièrement, une réponse historique,* car nous sommes avant tout ce que l'on nous a faits ; nous avons des pères spirituels dans le monde entier ; le Christianisme social en un sens n'est pas nouveau et ne dit rien de nouveau, puisqu'il a derrière lui toute une longue et noble tradition ; *secondement, une réponse psychologique,* car il y a tout un monde d'expériences positives (à la fois spirituelles et sociales) qui n'a presque pas encore été abordé par les diverses écoles psychologiques qui, à la suite de James, analysent et apprécient, chacune à leur manière, les variétés de l'expérience religieuse : c'est le monde des expériences chrétiennes-sociales, des états d'âme produits chez de vrais croyants évangéliques par le conflit économique contemporain ; *troisièmement, une réponse théologique ou dogmatique,* attendu que le Christianisme social est en train de modifier profondément à peu près tout l'enseignement traditionnel des Facultés de théologie et des chaires d'églises, à tel point que les vieilles querelles dogmatiques ou exégétiques entre rationalistes et supranaturalistes cèdent le pas à l'unique débat qui passionne les chrétiens qui pensent et agissent : le débat entre la conception individualiste et la conception sociale du christianisme et de l'action ; *quatrièmement, une réponse ecclésiastique,* car dans le monde entier, ce qui se discute le plus, c'est la question de savoir si l'Eglise a une mission sociale et économique, et laquelle ? *cinquièmement, une réponse économique,* car le conflit social se précise de plus en plus entre le capitalisme et le socialisme ; et le christianisme ne peut plus, ne doit plus rester neutre ; la neutralité équivaudrait pratiquement à une abdication, pour ne pas dire à une périlleuse lâcheté collective...

Impossible, dans cette étude, de développer toutes ces réponses — toutes nos raisons d'être chrétiens sociaux. Il faudrait un gros volume. Il nous a paru nécessaire de les résumer toutes dans les *conclusions* de ce travail, afin que l'on comprenne bien que nous sommes en présence d'un christianisme qui veut tout pénétrer, comme aux premiers jours de son histoire, et qui est « peut-être », selon le mot hardi de Gaston Frommel, « une forme nouvelle de religion ». (1)

Bornons-nous aux réponses les plus essentielles qui nous paraissent être d'abord *historiques* — car il importe de rendre hommage à nos pionniers ; puis *religieuses*, car il faut déterminer quelle sorte de puissance spirituelle on peut appliquer au problème social; enfin, *économiques* — et c'est ici que notre sujet devient complexe et brûlant. (2)

---

(1) G. Frommel. *Etudes religieuses et sociales*, p. 201.

(2) On pourrait peut-être montrer que c'est là l'ordre chronologique ordinaire des étapes que traverse l'âme du chrétien social. Le milieu où il vit, l'éducation qu'il reçoit, les hommes de valeur qu'il fréquente, les contre-imitations et même les révoltes produites par les mœurs et les institutions de l'état social, forment l'ensemble des conditions historiques qui déterminent en partie son christianisme social. Puis ses expériences religieuses personnelles agissent ou réagissent, s'harmonisant le mieux possible avec ses conceptions sociales et avec son activité chrétienne, de telle sorte que le christianisme social devient une attitude très religieuse et très personnelle. Enfin, le chrétien social ne peut s'arrêter à moitié chemin ; ayant compris le péché et le salut dans toute leur portée individuelle et sociale, il est obligé de se poser, à sa manière, laquelle est toujours morale et spirituelle, la question économique, celle de la propriété privée elle-même, — non par opportunisme mais par devoir sacré...

On a reproché parfois (G. Frommel, par exemple, dans ses *Etudes religieuses et sociales*, p. 205), aux chrétiens sociaux de mêler et même d'intervertir, par leurs préoccupations sociales et économiques, par leurs théories complexes et « hétérogènes », les célèbres « *ordres de grandeur* » si admirablement fixés par Pascal. L'exposé de notre plan répond victorieusement à cette critique. Sans renverser la hiérarchie de ces trois ordres (des corps, des esprits et des cœurs) le chrétien social peut et doit en affirmer la solidarité nécessaire et actuellement douloureuse dans la vie individuelle et sociale. Peut-être les individualistes exclusifs tirent-ils un peu trop à eux Pascal ? — Si nous maintenons, nous aussi, plus que jamais, l'échelle des valeurs définitivement établie par Pascal, nous ne pouvons cependant parler que symboliquement, pour tenir compte du solidarisme moderne, des « distances infinies » et des « distances infiniment plus infinies » qui séparent l'ordre des esprits de celui de la charité, et de manière à ne pas légitimer, sous prétexte de charité sublime, le dédain des ordres

CHAPITRE I

NOS RAISONS HISTORIQUES

Pourquoi sommes-nous chrétiens sociaux ?

§ 1. — *La loi des trois étapes de l'évolution religieuse et du christianisme.* — D'une façon générale, et c'est notre première raison historique, nous nous rendons compte, mieux qu'autrefois, que le christianisme a une histoire, comme toutes les religions, et que ses formes doivent évoluer pour s'adapter, comme toutes les choses vivantes ; bien plus, nous savons quelles sont les étapes et le nécessaire aboutissement de cette évolution. L'âme du christianisme, sa puissance intérieure, est toujours identique à elle-même : mais à travers les siècles et dans ses manifestations extérieures, elle obéit aux lois générales de l'évolution religieuse.

Il semble bien que cette évolution des religions historiques, comme celle des civilisations, après la grande période créatrice, toute spontanée et intuitive, passe (sans qu'il y ait rien là de fatal et de continu) par trois étapes successives : 1° l'*étape communautaire ou autoritaire,* (qui s'appuie sur le groupe, la tribu, ou les pouvoirs publics) ; la religion est alors une *affaire sociale,* mais sociale d'une manière instinctive et encore grossière ; c'est spontanément qu'elle réalise la centrali-

inférieurs, le mépris théorique des choses de ce monde, et finalement, la désertion du devoir social ! C'est rendre service à Pascal que de démêler et dénoncer l'équivoque, parfois désastreuse, que pourrait faire naître son beau langage spatial et « géométrique », et surtout les abus qu'on en a faits ! Des réflexions analogues s'imposeraient à propos de la fameuse parole de Jésus (d'après Jean xviii, 36) : « Mon Royaume n'est pas de l'ordre de ce monde », parole que l'on a tant exploitée contre le christianisme social, grâce à un contre-sens manifeste. — C'est dans le monde impondérable des intuitions et des qualités qu'il faut se placer surtout pour comprendre Pascal, St-Paul et Jésus-Christ.

sation ; le principe d'autorité s'incarne dans un pouvoir central et dans une hiérarchie : le catholicisme romain représente cette première étape du christianisme ; 2° l'*étape individualiste ou libérale*, qui est celle de la décentralisation ; la religion est alors surtout *affaire personnelle*, privée ; le principe de liberté et d'examen triomphe dans l'individu et par lui dans la société : il amène logiquement le principe d'égalité, c'est-à-dire la répudiation des privilèges de caste, de sang, de rang, etc.; le protestantisme, c'est le christianisme à cette deuxième étape ; 3° enfin *l'étape solidariste ou socialiste*, à la fois libérale et sociale, mais cette fois au sens supérieur de ces mots qui ne s'opposent plus dans une synthèse consciente et voulue de tous. C'est par une crise longue et douloureuse, dont les réformations et les révolutions historiques ne donnent qu'une faible idée, que les chrétiens et les églises commencent à réaliser bon gré mal gré ce troisième stade. La religion tend à être à la fois une affaire individuelle et une affaire sociale, et s'incarne dans l'idée du Royaume de Dieu terrestre sans pour cela nier le ciel, bien au contraire. *Le Christianisme social, c'est le Christianisme à cette troisième étape.*

Après un *Christianisme essentiellement ecclésiastique,* dont le principe directeur était et est encore l'autorité souveraine de l'Église incarnée dans la tradition et la papauté, — après *un Christianisme essentiellement individualiste ou particulariste,* dont les principes fondamentaux étaient et sont encore l'autorité souveraine des Saintes Écritures et la justification par la foi (principe formel et principe matériel du protestantisme), — il semble, depuis un demi-siècle surtout, que le christianisme entre peu à peu et dans les pays à civilisation avancée, dans une phase toute nouvelle, très synthétique et très vivante, où pourront se concilier les vieux principes antithétiques de la liberté et de la solidarité, de l'individu et de la société, de la foi personnelle et de l'Église, dans l'idée directrice du Royaume de Dieu. C'est le christianisme de cette dernière phase, fortement enraciné dans le passé prophétique et apostolique, et plein de promesses radieuses pour l'avenir, que nous appelons provisoirement et faute de meilleures qualifications, — *solidariste, messianiste,* et enfin *social.*

§2. — Nous sommes entraînés, et c'est notre deuxième raison historique, par un vaste mouvement de réforme qui s'est manifesté pendant tout le xixe siècle presque en même temps et sans entente préalable, comme tous les grands mouvements rénovateurs, dans tous les pays civilisés. Nous n'avons pas à retracer ici la genèse et les facteurs de ce mouvement... mais c'est déjà une belle et suggestive histoire que celle du Christianisme social, au xixe siècle (1). — On peut soutenir et l'on soutiendra, dès qu'il aura triomphé, qu'il y a toujours eu des chrétiens sociaux, qu'il est impossible que les vrais chrétiens ne soient pas sociaux, et qu'il n'y a rien d'absolument original dans le Christianisme social, sauf peut-être certaines formes d'adaptation nécessaires au siècle par excellence de la question sociale. Sans doute !... Mais à ceux qui ont non pas seulement étudié du dehors, mais vécu ce Christianisme social, à ceux qui l'ont senti bouillonner dans leur sang et palpiter pour ainsi dire dans leur cœur, ce très vieil Evangile paraîtra la chose la plus nouvelle et la plus moderne ; ceux-là ne savent pas se

(1) Nous souhaitons que cette *Histoire du Christianisme social,* qu'il n'est plus permis d'ignorer, soit écrite pour nos pays de langue française. En attendant, signalons : 1° l'excellent livre (épuisé) d'*Henri Appia,* sur *Le Christianisme Social* (1900) ; 2° la remarquable conférence de notre ami *Elie Neel* sur *Les origines du Christianisme social au sein du protestantisme français* (1908 — chez l'auteur). On trouvera en outre dans la *Revue du Christianisme social* (s'abonner chez M. Chastand, 18, av. d'Orléans, Paris), dans l'*Avant-Garde* (M. Roth, Orthez), dans *Foi et Vie* (M. Paul Doumergue, 85, av. d'Orléans, Paris) de précieuses monographies et une riche documentation, sans oublier la collection des *Travaux* de nos *Congrès.* Nous donnerons en note au cours de ce travail, quelques indications bibliographiques essentielles pour ceux qui veulent s'initier au mouvement.

défaire de cette impression que, depuis l'apparition de certains initiateurs et de certains pionniers, la foi chrétienne s'exprime en des accents humains, laïques, sociaux, qu'on n'avait guère entendus que de loin en loin depuis le Christianisme primitif et depuis les prophètes ; que la prédication et la morale chrétiennes ont des exigences et des prévisions que les églises ne soupçonnaient plus beaucoup, principalement dans le domaine économique.

Impossible de méditer la vie et les papiers d'*Oberlin* (1), le réformateur du Ban de la Roche, le vrai précurseur du Christianisme social français ; impossible

(1) Sur *Oberlin*, cf. Atkins Sarah : Mémoire of John F. Oberlin, pastor of Waldbach (Londres 9ᵉ éd. 1838, Ball, Arnold et Cⁱᵉ ; 10ᵉ éd. 1852, Londres, Samuel Bagster, 372 pages).
— Bernard Fr. Vie d'Oberlin (Paris, Hachette, in-8, 216 p.),
— Burkhardt W. pfarrer. : Johann Friedrich Oberlin, Pfarrer im Steinthal. Vollstændige Lebensgeschichte und gesammelte Schriften. (Stuttgart, Scheible, Rieger et Satidtler, 1843, 4 vol. in-12).
— Joséphine Butler. The life of Jean Fr., Oberlin (Londres. The religions tract. Society, 1882. in-12).
— T. Fallot. Dictionnaire de pédagogie et d'instruction primaire, publié sous la direction de M. Ferdinand Buisson, Paris, 1887. Article : *Oberlin*.
— Leenhardt (Camille). J. F. Oberlin : Un saint protestant. Thèse présentée à la Faculté de Théologie de Montauban (1896, 120 p.)
— Roehrich (Ernest Mᵐᵉ), « Le Ban de la Roche ». Notes historiques et souvenirs (Paris, Fischbacher, 1890, in-8). — « De fil en aiguille » (Paris, Bonhoure, 1880, in-12).
— D. E. Stoeber. Vie de J.-F. Oberlin, pasteur à Waldbach. Paris, Strasbourg et Londres. (Treutel et Würtz, 1831, in-8, 616 p.) Livre capital.
— *Vie d'Oberlin*, pasteur au Ban de la Roche (Soc. des livres relig. de Toulouse, 4ᵉ éd. 1873).
— Ed. Parisot. Un éducateur mystique, J. Fréd. Oberlin (1740-1826) 1905, (Paris, Henry Paulin et Cⁱᵉ, 21, rue Hautefeuille, p. 32).
Notons : a) que le Christianisme social français revendique volontiers Oberlin comme son premier véritable pionnier ; b) que le Christianisme social a été d'abord *rural* et qu'il y aurait un immense intérêt à ce qu'il le redevînt, sinon exclusivement (il y a hélas ! les grandes villes) du moins principalement ; c) que le Christianisme social d'Oberlin et de ses disciples (Daniel Legrand, Christophe Dieterlen, T. Fallot, etc.) a été *avant tout spirituel et mystique,* ce qui ne l'a pas empêché d'être éminemment pratique et social. — On ne saurait assez souligner l'influence d'Oberlin et de son *type de piété* sur les destinées du Christianisme social français et même mondial.

d'étudier les œuvres de *William Channing*, le célèbre pasteur unitaire de Boston, et le développement subséquent du Christianisme social américain (1); impossible de suivre le grand mouvement d'évangélisation et de christianisme social en Allemagne, depuis *Wichern* (1808-1881), le fon-

(1) *Note sur le Christianisme social américain.* — Sur *William Ellery Channing* (1778-1842), lire surtout *Les Œuvres sociales de Channing* (traduction avec un *Essai sur la doctrine de Channing* par ED. LABOULAYE, Paris, Charpentier). Dans ce livre capital, nous recommandons les chapitres sur l'*Education personnelle* ; *Des Droits et des Devoirs des Pauvres* (discours prononcé en 1835 à Boston devant « The Benevolent Fraternity of churches ») ; *De l'élévation des classes ouvrières* (prononcé en 1838), vrai chef-d'œuvre qu'il faudrait méditer comme les épîtres apostoliques. — Les pionniers du Christianisme social, en Amérique comme en France, ont été surtout des éducateurs de premier ordre ; il faut citer aussi *Horace Mann* et le D' *Tuckermann*, fondateur d'une œuvre originale « Le Ministère des pauvres ». L'intérêt pour les questions sociales et économiques s'est accru très rapidement, à partir d'*Henry George* et de sa fameuse « enquête » sur la cause des crises industrielles et l'accroissement de la misère au milieu de l'accroissement de la richesse, parue dans l'ouvrage *Progrès et Pauvreté* et concluant à la nationalisation du sol et à l'abolition de la rente ; (le livre date de 1879 ; traduit en 1886 chez Guillaumin, Paris). Lire aussi ses « Social Problems ».
Cf. Les travaux de LYMAN ABBOTT, du D' WASHINGTON GLADDEN, du prof. RICHARD ELY, de JOSIAH STRONG, (*The new Era or the Coming Kingdom* de J. Strong, a eu un succès de librairie immense, et est un magnifique manifeste du Christianisme social, avec un sens pratique tout américain), et les célèbres romans de *Sheldon* (*Que ferait Jésus ? La crucifiction de Philippe Strong*, etc.), qui ont eu une influence considérable sur les églises. Impossible de ne pas citer le nom de *George Herron*, le socialiste chrétien, de tendance anarchisante, dont l'influence a considérablement baissé en Amérique et dont les premiers ouvrages, si pleins de promesses, ont été traduits. On lira avec profit aussi le livre de G. WIELLEAD : « *Modern Methods in church work* » (1897).
Parmi les auteurs qui font le plus penser, il faut citer aujourd'hui :
— FRANÇIS PEABODY, d'Harward (Cf le livre « Jésus-Christ et la question sociale »).
— Prof. SHAILER MATHEWS (de Chicago) : « The social Teaching of Jesus » ; — « The Messianic Hope in the New Testament ».
— IOUN GRAHAM BROOKS : « The social Unrest ».
— Enfin et surtout l'ouvrage de WALTHER RAUSCHENBUSH (de Rochester) : « Christianity and the social crisis », qui vient de paraître, et dont nous souhaiterions la traduction en français. Nous devons aussi une mention au magnifique mouvement socialiste chrétien et à son vaillant organe *Christian Socialist* de Chicago, rédigé par E. CARR. L'Union américaine des socialistes chrétiens fait de grands progrès et a réussi à saisir les églises et les synodes réformés du Nouveau-Monde du problème socialiste !

dateur de la Mission intérieure, jusqu'à la fondation, en 1877, de « L'Association centrale pour la réforme sociale sur base religieuse et monarchique », par *Rod. Todt, Ad. Stœcker, R. Meyer, Ad. Wagner*, etc., et jusqu'aux nobles et vaillants efforts des *Gœhre*, des *Naumann* et des *Weber* (1) ; impossible de parcourir la chevaleresque

(1) Sur *Le Christianisme social allemand*, — impossible de donner ici une bibliographie complète ou même suffisante. Voici quelques indications cependant :

Natrusius : die Mitarbeit der Kirche an der Lœsung der sozialen Frage (Leipzig-Hinrichs, 1893).

Rod. Todt : « Der radicale deutsche Sozialismus und die christliche Gesellschaft ». (Wütemberg, 1878).

Stœcker : « Christlich-Sozial » (Bielefeld, 1885), — « Wach'auf, evangelisches Volk » (Berlin) « Dreizehn Iahre ».

Gœhre : « Die evangelisch-soziale Bewegung » (Leipzig, 1896); — « Drei Monate Fabrikarbeiter und Handwerksbursche » (Leipzig, Grunow, 1891),

Fr. Naumann : « Was heisst Christlich-sozial », (2ᵉ éd. Leipzig, 1896) ; — Le « Naumann-Buch » (anthologie, par H. Meyer-Benfey, 1903. 4ᵉ mille) ; — « Lettres sur la religion », etc. Le journal *Die Hilfe* (créé en 1894) — « Lettres sociales aux riches » (trad. de Ph. de Barjau, 1895).

En français, on trouvera des articles et chroniques sur le mouvement allemand dans la *Revue du Christianisme social*. Consulter l'ouvrage, en plusieurs volumes, de G. Goyau : l'*Allemagne protestante*, qui s'efforce d'être impartial et qui est très documenté.

On peut noter trois périodes dans le mouvement allemand : A) *Celle de Wichern, dès 1844* (création de la Mission intérieure ; conception profonde et sociale avant Ketteler de l'œuvre à faire en deux phases : 1º *celle de la condescendance : l'Eglise allant au peuple; 2º celle de l'initiative : le peuple se relevant lui-même et l'Evangile jaillissant des masses !* — Les « Fliegende Blætter » sont largement répandues. Le prof. Huber révèle la misère et l'oppression des travailleurs. — B) *La période du Christianisme évangélique-social*, dès 1877, toute inspirée par R. Todt et Stœcker, — Wagner et Meyer. — Todt est le premier qui ait tenté en Allemagne de prouver l'accord du Nouveau-Testament avec l'éthique du socialisme. Stœcker (né en 1835, prédicateur de cour dès 1874 et disgrâcié en 1890) domine toute cette période. Il a malheureusement donné une orientation politique au mouvement évangélique social. Il a fondé en 1878 « le parti chrétien-social des travailleurs» avec Wangemann, et en 1882 sa *Stadtmission*. Ses idées étaient à la fois *conservatrices et chrétiennes sociales.* — C) *La période des Jeunes*, d'un christianisme social plus libéral et plus sympathique au socialisme. — *Fréd. Naumann*, dès 1894 surtout grâce aux enquêtes de *Die Hilfe*, *Weber* (le promoteur des cercles évangéliques des travailleurs) et *Gœhre*, représentèrent ce groupe avancé. Le parti Naumann, progressiste et social, s'est séparé de Stœcker et a provoqué l'hostilité patronale, surtout celle du baron de Stumm, « le roi de la Sarre », par ses hardiesses sociales, et finalement celle de Guillaume II lui-même (on connaît le fameux

et passionnante histoire des *Wilberforce* et des *Shaftesbury* et celle des premiers socialistes chrétiens d'Angleterre — des Frederik Denison *Maurice*, des Charles *Kingsley*, des *Ludlow*, des Thomas *Hughes*, sans oublier — bien qu'il ne se soit jamais déclaré socialiste, — l'orateur si pénétrant et si sympathique aux idées sociales que fut *Robertson* ; impossible de faire la connaissance d'un *Price Hughes* et de sa mission du West End de Londres, ou d'un Richard *Heath* et de ses ouvrages (*la Cité de Dieu dans les fers*, etc.), ou du grand mouvement actuel de la *Fédération des Brotherhoods Anglaises*, dont les principes sont si nettement chrétiens sociaux et qui groupent déjà 1700 sociétés diverses avec plus de 5oo.ooo adhérents (1) ; impossible, dis-je, de faire toute cette revue des manifestations variées et autonomes du Chris-

télégramme impérial du 28 février 1890 adressé à Stumm : « Christlich-sozial ist Unsinn » etc. — A citer dans ce « parti *national social* », les prof. Rodolf Sohm, Rein, et MM. Gelzer, Von Gerlach et Damatschke, l'auteur du livre : « Was ist National-Sozial ? »

— LES CONGRÈS ÉVANGÉLIQUES-SOCIAUX (dès mai 1890), malgré certaines vicissitudes, se sont tenus régulièrement et ont plané au-dessus des partis. Leur but est de « rechercher sans préjugés les conditions sociales du peuple allemand ; de les apprécier d'après la norme actuelle des exigences morales et religieuses de l'Evangile, et de rendre celles-ci plus fructueuses et plus efficaces pour la vie économique ». Les principaux membres sont, outre tous ceux cités plus haut : Ad. Wagner, Harnack, Kaftan, Bodelschwing, prof. Von Schulze-Gœvernitz, Wegener, etc.

(1) *Sur le Christianisme social anglais*, consulter :
Revue de Théologie pratique, n° 2, année 1887 — l'étude si documentée sur *Les Socialistes chrétiens d'Angleterre*, par M. DE BOYVE.

Dans E. DE LAVELEYE : *Le Socialisme contemporain*, on trouvera plusieurs chapitres importants sur les écoles sociales inspirées par le christianisme, et dans les « Appendices ». (*Le Socialisme en Angleterre ; Darwinisme social et Christianisme*), une précieuse source de renseignements sur le Christianisme social et sur le socialisme anglais. Déjà en 1888, puis en 1893, et cette année même (1908), les grandes assemblées ecclésiastiques ont accordé une très grande place aux questions sociales. L'Armée du Salut a fait des enquêtes très connues et, ce qui vaut mieux encore, a fondé des colonies et des œuvres de relèvement prospères.

Les principales sociétés d'études sociales sont : la *Christian Social Union*, fondée en 1890, qui publie une Revue : *The economic Review* d'Oxford ; dans l'Eglise Anglicane, *la Guilde de St-*

tianisme social à travers le monde, (1) sans être obligé d'admettre qu'il y a là plus et mieux que des essais pratiques d'évangélisation au sens ordinaire du mot, plus et mieux qu'un appendice ajouté au christianisme traditionnel, ou qu'un simple moyen, en quelque sorte diplomatique, d'empêcher les progrès du socialisme ou du matérialisme révolutionnaire, — et que nous sommes bien en

Matthieu, (qui a pour organe *The Church Reformer*) ; le Rv. Stewart Headlam a été le principal chef de cette guilde.

Sur *Price Hughes*, cf. le livre de *Gregory Mantle* (1904) — et son principal ouvrage : « Social Christianity. » Sur *Robertson*, le livre de *Stopford Brooke* (traduit par Mᵐᵉ J. Monod, Fischb. 1900).

A signaler encore les journaux suivants : *The New Era*, dont le rédacteur est W. H. Dawson. — *The Christian Socialist*, etc.

Sur la grande *Fédération des P. S. A. Brotherhoods* (Pleasant Sunday Afternoon Association), qui groupe 1700 sociétés ouvrières sur un programme nettement chrétien social, on peut consulter *The Handbook of the National P. S. A. Council for 1907* et autres rapports, ainsi que le journal officiel des fraternités : *The P. S. A. Brotherhood Journal.*

L'un des leaders les plus en vue du mouvement est William Ward (auteur de *How can I help England* et de *Religion and Labour*).

Le Congrès « Pan-Anglican » de Londres a abordé la question sociale (juillet 1908) avec une telle hardiesse que la presse socialiste entière a applaudi.

(1) Nous devons encore signaler le mouvement chrétien social et socialiste chrétien de la Suisse.

Dans la Suisse romande, après le regretté H. Appia, (dont le livre sur *Le Christianisme social* est classique) et Gaston Frommel, nous devons mentionner : Frank Thomas, dont les nombreuses publications et les discours de vulgarisation sont tout pénétrés de solidarisme prudent et avisé. Des hommes de l'envergure de M. A. de Meuron, de M. Aug. de Morsier, et des femmes telles que Mlle H. de Mülinen, Mme Pieczynska, etc., sont — qu'il en portent ou non le titre — des pionniers bien remarquables du Christianisme social.

Dans la Suisse allemande, nous devons citer L. Reinhardt (*Die Gottesherrschaft als Welt neuerndes Lebensprinzip; — Die eincitliche Lebensauffassung, etc.*) et le pasteur Benz, de Bâle (et sa feuille chrétienne sociale *der Arbeiter*). — Lauterburg, de Berne. — Ragaz (voir son livre *Du sollst !*) et la revue *Neuen Wege*, (Lendorff, éditeur), organe de l'*Union religieuse socialiste.*.

Parmi les socialistes chrétiens : les Hans Faber, (*Le Christianisme de l'avenir*), — les Zimmermann, — les Pflüger, — les Eugster, — les Hermann Kutter, (*Dieu les mène — Nous les Pasteurs*).

En *Italie*, notre ami *G. Meille* vient de fonder un organe des chrétiens sociaux, « l'*Avanguardia*. »

Et comment enfin ne pas saluer avec émotion, comme pionniers des temps nouveaux en Russie : le sublime Tolstoï, et le député pope Georges Petrov, enfermé dans un couvent pour ses idées sociales, etc.

présence d'une poussée universelle de l'Esprit orientant nombre de chrétiens, avec ou sans leurs églises, vers le prolétariat souffrant et vers les problèmes de ce prolétariat, et les obligeant à réinterpréter socialement le christianisme tout entier, soit dogmatique, soit ecclésiastique, soit pratique — quand bien même les pionniers et les agents de cette adaptation n'aient pas toujours clairement conscience de la portée de leur initiative. Quiconque voudra apporter l'Evangile du Royaume de Dieu au peuple, fera bien de s'inspirer de l'expérience de tous ces devanciers, et d'étudier leurs œuvres et leurs nobles ambitions. On finit par suivre les personnalités que l'on comprend et que l'on admire, et *l'on devient chrétien social en fréquentant les chrétiens sociaux.*

§ 3.— *Caractéristique du Christianisme social français.—* Sans sortir de notre pays, nous avons en France dans les hommes qui nous ont directement inspirés, des raisons vivantes d'être chrétiens sociaux. A vrai dire, nous n'avons pas subi seulement l'influence des protestants, mais aussi de catholiques éminents tels que le fameux Lamennais, dont les pages socialistes n'ont pas encore été dépassées et dont les ouvrages (« Paroles d'un Croyant », « le Livre du Peuple », etc.) ont remué tous nos cœurs ; le Père Gratry, dont « les Sources », « la Morale et la Loi de l'Histoire », « les Sources de la Régénération sociale », « les Souvenirs de jeunesse », furent parmi nos livres de prédilection ; Henry Perreyve, le grand orateur Lacordaire, etc., etc. Et malgré toutes nos réserves dogmatiques, ecclésiastiques et politiques, comment ne pas saluer même dans des réactionnaires du tempérament de Veuillot et de de Mun, — dans des démocrates catholiques du type de l'abbé Lemire, de l'abbé Garnier ou de l'abbé Naudet, — et plus récemment encore, dans l'intéressant mouvement laïque du « Sillon », dirigé par Marc Sangnier avec tant de maëstria, des manifestations instructives, très variées et très contrariées, mais toujours renaissan-

tes et victorieuses en fin de compte, de la même Puissance divine et sociale qui veut nous conquérir et nous
sanctifier tous ? L'immense vague du Christianisme social
vient battre et rebattre sans cesse notre rive sans se
préoccuper de savoir si les plages qu'elle submerge sont
catholiques, grecques ou protestantes.....

Et même nous devons à la vérité de dire que le socialisme — celui de 1830 et de 1848, comme celui malheureusement plus exclusif et matérialiste d'aujourd'hui — a
singulièrement contribué (autant peut-être par réaction
que par infiltrations directes) à orienter et à développer
le Christianisme social. Les Saint Simon, les Fourier,
les Buchez, les Cabet, et même, malgré leurs paradoxes
et leurs anathèmes, les Proudhon et les Louis Blanc, ont
fini par agir sur bien des esprits chrétiens, tout comme
les modernes marxistes ou néo-marxistes. Il faut que
l'Eglise, un peu trop individualiste, contemplative et
gémissante entende les cris du peuple pour se réveiller,
pour penser et pour agir ! Toutes ces influences, catholiques ou socialistes, mériteraient d'être analysées...— A
elles seules pourtant, elles n'auraient jamais déterminé
en France un mouvement chrétien social ayant son ori-
ginalité propre, sans les deux autres facteurs suivants :
les hommes du Réveil d'abord, qui ont pu avoir de graves
lacunes (leur individualisme leur a imposé des notions
incomplètes sur l'homme, le péché, la grâce, etc.), mais
dont la puissance spirituelle a été extraordinaire : quelques-uns eurent même plus qu'on ne pense non seulement
le sens philanthropique, mais même le sens social, par
exemple Ad. Monod, John Bost, etc. (1) ; et ensuite, *nos
grands penseurs et éducateurs spirituels*, dont les conceptions, en s'approfondissant, sont devenues, par une
sorte de nécessité intérieure que l'on n'a pas assez

(1). Cf. Léon MAURY. Le Réveil religieux à Genève et en France,
II, p. 309, le chap. sur « Les œuvres chrétiennes dues au Réveil. »

remarquée, toujours plus solidaristes. C'est à Schleiermacher, à Rothe, à Martensen, que nous devons rattacher les grands principes régénérateurs du *Christianisme Vie et du Royaume terrestre de Dieu.* Après le grand A. Vinet, Charles Secrétan, le philosophe de la solidarité ; après Jalaguier, Charles Bois, qui fut longtemps à Montauban le théologien et le moraliste de la solidarité (1) ; après Aug. Bouvier, chrétien social avant la lettre dans ses conceptions dogmatiques, Henri Appia et le Gaston Frommel des *Etudes religieuses et sociales* ! Nous ne saurions oublier, dans cette énumération trop rapide, Aug. Sabatier, dont la large et intelligente sympathie était notoirement acquise au Christianisme social. Tous, avec leurs tempéraments et leurs doctrines diverses, ont préparé les matériaux et jeté les bases du Christianisme de l'avenir — qui sera à la fois individualiste et socialiste, absorbant toutes les richesses fragmentaires dans une synthèse vivante et féconde !

Mais nous avons, nous Français, une immense dette de reconnaissance à acquitter envers T. Fallot, Louis Comte et L. Gouth, les vrais initiateurs du Christianisme social dans notre patrie : n'y manquons pas !

C'est en France le pasteur *Louis Gouth,* — que notre vaillant ami me permette de le rappeler ici, — qui, par son rapport à la Conférence évangélique d'Alais, le 28 octobre 1886 (2), a lancé le mouvement dont nous essayons de

---

(1) Dès 1875-78, par son *Cours de statistique morale,* et plus tard par son beau *Cours de morale chrétienne,* Ch. Bois a préparé des générations d'étudiants à une compréhension large et moderne des dogmes et des expériences chrétiennes.

(2) Ce travail inaugure magistralement la Revue de théologie pratique (n° 1, 1887) sous ce titre : « Le Pasteur et les questions sociales ». — La Conférence d'Alais avait voté à l'unanimité un ordre du jour qui réalisait en partie l'une des conclusions du rapporteur : « L'étude sociale en commun par le moyen de sociétés à fonder ». C'est à cette conférence, pendant la discussion du rapport et d'une lettre que L. Gouth, ainsi qu'il l'a écrit, avait sollicitée de Fallot, que M *Ch. Babut* lança le premier en France l'idée de réunir un Congrès social, idée qui échoua alors mais fut réalisée en même temps que les conclusions du rapporteur par l'Association.

Il est juste de dire que *L. Comte* avait déjà plaidé la cause so-

pénétrer le sens, et jeté les bases de notre Association, dont un mois après il exposait l'idée première à Fallot en lui demandant son « précieux appui ». C'est lui qui, le 15 juillet 1887, au moment où notre ami *G. Chastand* nous donnait le premier numéro de sa Revue, publiait son manifeste et envoyait sa « Circulaire d'appel » dans toutes nos églises protestantes.(1) Ce jour-là, l'Association était née. Nous venions dix ans après l'Allemagne, quarante ans après les socialistes chrétiens d'Angleterre, (mais tout de même un an avant les sociétés d'étude pratique analogues fondées en Suisse par MM. Necker et Rœhrich — mai 1888); aussi L. Gouth disait il, dans cet Appel, que persister dans l'indifférence en matière sociale, malgré ces exemples et après les manifestations récentes d'un peuple « affamé de justice sociale » serait « faire preuve d'aveuglement et consentir à un effacement qui serait une abdication pour ne pas dire une trahison. — D'ailleurs, ajoutait-il, l'œuvre du Règne de Dieu est une œuvre d'*éducation générale* dans laquelle la question morale et la question sociale sont aujourd'hui indissolublement liées. »

En relisant les Statuts de l'Association, nous constatons

ciale à la *Conférence libérale de Montpellier* (29 oct. 1885). Si sa parole ardente n'eut pas, ce jour-là, le succès qu'elle méritait, il convient toutefois de rappeler, avec L. Gouth, sa courageuse initiative.

(1) Cette circulaire fut appuyée par un Comité de 21 membres dont il faut rappeler les noms : MM. Babut, J. Dianquis, El. Bost, G. Chastand, L. Comte, Ebersolt, Fallot, Gouth, M. Lelièvre, Minault, Ed. Monod, Léop. Monod, Mouchon, Nyegaard, Roberty, Rousineau, Trial, Tarrou, Viénot, de Boyve et Ch. Gide.

Il faut aussi rappeler que *Fallot* avait déjà fondé à Paris, le 20 février 1887, sa *Société fraternelle*, où se combinaient heureusement l'activité spirituelle et l'activité sociale, et où s'allumaient pour la cause du Royaume de nobles âmes.— Et bien auparavant, on le sait, (sans parler de sa thèse de 1872 sur les Pauvres) Fallot s'était révélé comme un apôtre du Christianisme social soit par toute son activité à Paris, soit par sa célèbre prédication à Mazamet (1883) sur *La Religion laïque, religion du Père*.

N'oublions pas non plus de noter l'influence qu'avait exercée sur nos pionniers le grand mouvement coopératif dû surtout à l'initiative de M. de Boyve et qui constitua la Fédération des Sociétés coopératives de France, (1er Congrès à Paris, 1885) au développement de laquelle contribua puissamment la parole éloquente de M. Gide.

que le germe de toutes les idées développées ultérieurement est là, aussi actuel et aussi vivace qu'aujourd'hui (Cf. notamment les art. 2, 3, 4 et 5).

Sans Louis Gouth, Fallot l'a souvent déclaré (1), l'Association ne serait pas née. Au prix de luttes qui, la maladie aidant, usèrent presque le fourreau mais non pas la lame, L. Gouth a fondé, il y a 21 ans, notre « Association protestante ». Vous estimerez comme moi, Messieurs, que le devoir d'une fille à l'heure de sa majorité, est d'apporter à l'auteur de ses jours l'hommage ému de sa reconnaissance.

Et que dire aussi de *Tomy Fallot* ! Le moment n'est pas venu de parler de lui comme il convient d'en parler. C'est lui pourtant qui devint l'âme, le chef, l'inspirateur du mouvement. Il fut le premier président de l'Association. Au premier Congrès de Nimes (1888) il lut le beau travail dont les pages essentielles — les plus hardies à mon sens qu'il ait écrites — parurent dans la Revue chrétienne sous ce titre : *Protestantisme et Socialisme.* D'une façon plus populaire et plus prenante, il écrivit, l'année suivante, une étude originale sur « Notre Père » qu'il intitula : « *Pourquoi je m'occupe des questions sociales ?* » Au Congrès de Lyon (1889) il conquit nombre de pasteurs et de chrétiens hésitants par son *Journal d'un jeune pasteur.* « *Ce que nous voulons,* écrit-il après cette Assemblée de Lyon, *c'est convertir le protestantisme au peuple, afin de pouvoir convertir notre peuple au protestantisme.* » Voilà le cri de l'évangéliste et l'une des raisons puissantes pour lesquelles aussi nous sommes chrétiens sociaux. Toutefois, peut-être aujourd'hui dirait-il plutôt avec nous : « Ce que nous voulons, c'est convertir le christianisme actuel au peuple, afin de pouvoir convertir notre peuple au christianisme. » — Je débutais alors à

____

(1). Cf. Revue du Christianisme pratique, 15 janvier 1890, article de Fallot « A propos des Assemblées de Lyon ».

Alais dans le ministère, et c'est le regretté *Paul Minault* — encore un nom que nous devons souligner — qui me fit lire, en l'accompagnant de ses commentaires enthousiastes, le beau rapport de Lyon. Ce style nouveau, humain, débordant de vie, faisait bouillonner nos âmes. Cette flamme intense alluma alors en bien des jeunes (pourquoi pas chez tous ?) un feu qui ne devait plus s'éteindre. A l'école de Fallot, nous ébauchâmes notre conception de l'action morale, en méditant son programme et ses conférences de *la Ligue pour le relèvement de la moralité publique* ; plus tard, sa brochure « *Simple explication* » (Trois lettres à un ami), et son livre sur *l'Eglise*, nous amenèrent à préciser et à réformer notre individualisme religieux, notre « théologie de soldats de plomb », comme il disait spirituellement, et jusqu'à la notion dogmatique et statique de l'Eglise que son solidarisme tout spirituel, dynamique, transformait de fond en comble. Et toujours, au premier rang, il mettait *l'œuvre spirituelle*, avec une insistance inlassable ; et puis, comme rayonnement nécessaire, *l'œuvre sociale*.

Le Fallot des épreuves dernières a surtout vécu dans les réalités éternelles..... mais n'a pas eu besoin pour cela de revenir à ses hérédités et à ses affinités spirituelles, car toujours, (même au plus fort de son activité sociale) les racines de son être ont plongé dans le puissant mysticisme alsacien et souabe, et dans le milieu psychique des Oberlin, des Legrand, des Dieterlen, disons même dans l'Invisible... Sans rien renier de son passé, après nous avoir donné une conception sociale du Christianisme, il nous a légué une nouvelle « Imitation de J.-C. », une originale et puissante *Mystique du Christianisme social*, dans certaines brochures ou dans ses ouvrages posthumes, *Sur le seuil, L'action bonne, La religion de la solidarité*, qui nous arrachent aux « contemplations oisives », et nous orientent vers une religion dont le principe est la solidarité, dont le secret est la Croix, dont le mot d'ordre et le programme sont *l'Action*, « *l'Action bonne*», c'est-à-dire l'action qu'inspire l'Esprit du Christ et qui réalise le Royaume !

Ce que nous lui devons — au point de vue sociologique — de plus précis, se trouve à mon sens dans *l'appendice* de « Simple explication » (1893). Conçu en pleine crise spirituelle, à la fin d'une période de luttes extérieures, ce plan substantiel d'une sociologie directement inspirée par l'Esprit de l'Evangile mériterait d'être fortement médité : le commentaire un peu modernisé et critique de ces thèses serait sans doute la meilleure réponse à faire à ceux qui prétendent que le Christianisme social n'a rien d'original à dire au point de vue économique.

Il essayait, en effet, de montrer que, sans être un économiste, le chrétien peut et doit prendre position, sur le terrain pratique qui est celui de la vie, entre l'Economie libérale des A. Smith, des Ricardo, des J.-B. Say, etc., et le matérialisme marxiste et révolutionnaire, qui apparaissait à son âme épouvantée plus que de raison, l'aboutissant unique et inévitable de toutes les écoles socialistes modernes. Quoi qu'il en soit de cette dernière exagération, cette esquisse sociologiqu e est admirable et prouve que Fallot n'a rien renié, mêm e après sa crise, du devoir social et économique du chrétien, et qu'il n'a tant accentué le retour à la spiritualité intense et à l'esprit de sacrifice poussé jusqu'à la Croix, que parce qu'il avait plus vraiment conscience que d'autres du double péril social que court notre société française entre le déplorable et paralysant pouvoir des riches sur les églises et le non moins déplorable pouvoir destructeur des masses matérialisées.

Retenons la vérité essentielle de cette nouvelle socio. logie: «*La doctrine sociale de l'Evangile a pour principe fondamental le Droit au salut.*» La question du Milieu est posée par ce droit primordial qui, bien compris, contient et garantit tous les autres droits. Or, dans la question du Milieu, qui ne voit que les problèmes moraux, sociaux et économiques, — pourvu qu'ils soient posés d'une certaine façon, finissent par se retrouver ? Fallot voulait « une société telle que rien n'y entrave la naissance de l'homme spirituel et son développement ». Je ne connais pas de pages où se synthétisent plus organiquement la justice sociale et l'expérience chrétienne, le souci du droit humain et celui de la conversion religieuse. Il y a là, certes, une pensée profonde dont l'immense portée, soit spirituelle, soit économique, n'a pas encore été saisie comme elle le mérite, mais qui nous donnera un jour un socialisme chrétien authentique, original et fécond.

Notre Association a donc appris les premiers éléments de sa morale sociale et de sa théologie pratique surtout auprès de Fallot, sans oublier, cela va sans dire, les E. de Pressensé, les Bersier, les Ch. Bois, les Paul Minault, les R. Hollard, pour ne parler que des morts (1) ; — les principes de l'Economie politique, de l'Economie sociale, de la Coopération, à l'école d'Em. de Laveleye, de Ch. Secrétan, de Ch. Robert, et surtout de M. de Boyve, notre éminent président, le pionnier de l'Ecole de Nimes, qui me permettra de l'appeler en ce Congrès « *l'homme*

(1). Si nous écrivions une véritable histoire du Christianisme social français, nous aurions à citer, grâce à Dieu, bien d'autres noms encore de précurseurs et de pionniers ; et surtout, il faudrait, parmi les influences historiques qui ont déterminé ou développé le mouvement actuel, citer bien des vivants : les Louis Gouth, les Raoul Allier, les L. Comte, les Ch. Babut, les Chastand, les Trial, les Fulliquet, les Roberty, etc., et finalement, bien qu'ils nous touchent de trop près, nos amis Wilfred Monod (cf. sa thèse de licence et de doctorat « L'Espérance chrétienne », 2 vol., vrai manifeste de Christianisme social, et ses nombreux ouvrages ou brochures) ; Elie Neel, A, Quiévreux, J. Roth, le rédacteur de *l'Avant-garde*, etc., etc., et aussi, et surtout, devrions-nous dire, nos amis socialistes chrétiens, Paul Passy et Raoul Biville, qui viennent de fonder le groupe français du « Socialisme chrétien » (avec un organe *L'Espoir du Monde*.) Et voici qu'une nouvelle génération, pleine d'enthousiasme, se lève après nous, et cherche à propager nos idées à la campagne, dans les villes, parmi les étudiants, etc.

d'œuvres » par excellence du protestantisme français, et de M. Charles Gide, le savant économiste dont nous sommes si fiers, et dont on peut dire qu'il a plus que tout autre en France contribué à humaniser l'Economie politique et à élever à la hauteur d'une véritable science — très nouvelle et très bienfaisante — l'Economie sociale.

Ce trop rapide aperçu nous permet de comprendre pourquoi et comment nous avons recueilli, soit directement, soit par l'intermédiaire de maîtres vénérés, les grandes leçons politiques et économiques du 19ᵉ siècle, savoir : 1° que la seule méthode admissible pour résoudre les problèmes sociaux est *l'observation scientifique et toujours contrôlée des faits* — et que tout a priori, fût-il très religieux, doit être banni (1) (sur ce point de méthode, nous devons rendre hommage, en sociologie, aux fondateurs de la science positive, aux Saint Simon, aux Aug. Comte, aux Condorcet) ; — 2° qu'il faut mettre un terme à l'anarchie économique et organiser le travail de façon à amener la paix sociale ; et que le secret de cette organisation normale doit être cherché dans un nouveau régime fraternel, solidariste, celui de *la Coopération*, aussi universalisé que possible, et celui d'un *socialisme libéral* aux solutions encore incertaines. Je ne serai démenti ici par personne si j'affirme que ce ne sont pas seulement les Saint Simoniens, les Fouriéristes et les socialistes de 48 qui nous ont appris tout cela, mais que c'est surtout l'Evangile de Jésus-Christ et les épîtres de Paul,

---

(1). On pourrait ici nous prendre au mot et soutenir que le Christianisme social, tel qu'il ressort de cette étude, part d'un *a priori : la foi au Christ comme puissance de rénovation sociale autant qu'individuelle* ; mais cette objection est spécieuse, car c'est par l'expérience et sur l'observation (soit historique, soit psychologique) que nous prétendons fonder et légitimer cette foi dans la puissance du Christ sur l'âme et sur le monde. Nous reprochons aux positivistes anti-chrétiens de ne pas être assez positivistes. L'expérience est infiniment plus riche qu'une certaine science ne le suppose.

sans oublier les pionniers du Socialisme chrétien et de la Coopération en Angleterre (les Maurice, les Kingsley, les V. Neale) dont les labeurs ne sont étrangers ni à la fondation de l'Ecole de Nimes, ni à celle de notre Association.....

***

Ce dernier quart de siècle du Christianisme social français nous apparait comme une préparation déjà longue *par l'étude* à l'action sérieuse qui doit enfin commencer! On peut, je crois, discerner trois périodes dans cette modeste et pourtant intéressante histoire :

1° *La première étape* va de 1885 (année où le mouvement commence à se dessiner) à 1893, année où Fallot change de méthode d'action et, pour des raisons personnelles et spirituelles, laisse à d'autres la direction de l'Association et l'action extérieure, pour se confiner exclusivement dans l'action religieuse ; en cette période créatrice, pédagogique, pleine de généreuses ambitions, c'est *l'idée de la Paternité divine* et par conséquent la valeur infinie, divine, de l'âme humaine, qui fut le principe social dominant. La question économique a de la peine à se préciser et même à se poser dans toute son ampleur, à cause de la crainte peut-être exagérée qu'inspire à notre Association le socialisme. Cependant Fallot donne, en 1893, les éléments d'une sociologie remarquable et nos maîtres, MM. de Boyve et Ch. Gide, font la théorie et la pratique de la coopération. A cette époque appartiennent les campagnes admirables de Fallot, de Minault, de Comte, du sénateur de Pressensé, etc., au nom de la Ligue de la moralité publique ; ainsi que la manifestation de la Conférence d'Alais (1886), la fondation de la *Société fraternelle* à Paris (1887), la fondation de l'*Association protestante*, et, à Vals, de la *Revue du Christianisme social*, de G. Chastand (1887).

2° *La seconde période*, plus individualiste et plus critique, un peu anarchique même, mais active cependant, va de 1893, l'année de la crise de Fallot, à 1905, l'année de la Séparation des Églises et de l'État. La pensée et l'activité de toute cette période sont dominées, sous l'inspiration de la théologie nouvelle, par *l'idée du Royaume de Dieu*, qui offrait le grand avantage, tout en maintenant le riche symbole de la Paternité au centre de tout, de nous donner *un idéal prophétique et évangélique de la société nouvelle*, non pas improvisé comme celui des matérialistes révolutionnaires, mais historique et élaboré douloureusement par l'élite des siècles, — et *un Christ messianique*, c'est-à-dire *social*. Au reste, ces deux grands symboles : *paternité, royaume de Dieu*, loin de se contredire, nous parurent se compléter et exprimer d'essentiels aspects du salut complet.

Cette 2ᵐᵉ période fut assez féconde en « fermentation d'idées » (le mot est de Fallot), en luttes morales et en efforts pédagogiques et ecclésiastiques — considérables sinon très efficaces — en vue de l'adaptation du Christianisme à la conscience moderne et à la démocratie sociale. (1)

3° *Le moment difficile — après 1905*. — Et nous voici arrivés, par suite de la séparation des Églises et de l'État et des préoccupations ecclésiastiques qui en sont la conséquence, et aussi et surtout par suite de la gravité croissante des conflits sociaux, à ce que j'appelle

(1). Voici quelques faits et quelques dates qui attestent cette activité : 1893, création des premières Solidarités à Roubaix et à Lille; fondation de la revue « Foi et Vie », par M. Paul Doumergue; 1899 : nomination à la Conférence fraternelle de Lyon de la *Commission d'action sur le terrain moral et social*, dont les sessions et les travaux ne devaient pas être sans résultats jusqu'en 1905 ; création du journal *l'Avant-Garde*, par J. Roth, Wilfred Monod, etc.; — fondation de la *Ligue de l'Étoile blanche contre l'immoralité publique et privée* ; 1900 : Iᵉʳ Congrès des Solidarités et fondation de la Fédération des Solidarités (16 juillet 1900); 1901 : 2ᵉ Congrès des solidarités; 1902 : *Congrès des Diaconats*, à Lille, etc., etc.

un moment difficile. D'une part, la réorganisation des églises et leur légitime instinct de conservation ont déterminé partout un mouvement de réaction, qui, pour n'être que provisoire et superficiel, n'en a pas moins été très préjudiciable aux œuvres sociales du protestantisme français et au mouvement chrétien social. D'autre part, une sorte de vertige mental et moral entraîne les masses loin de toute religion positive, quelle qu'en soit la forme — individualiste ou sociale.

La désertion des églises par le prolétariat est du reste, depuis quelques années, un phénomène universel, qui coïncide en Angleterre, en Allemagne, en Amérique, aussi bien qu'en France, avec la question sociale — avec ce que J. Strong appelle le « popular discontent » (1). Ce qui est plus grave encore, ce sont les progrès de la démoralisation (Cf. Paul Bureau : « La crise morale des temps nouveaux », ou l'ouvrage de G. Séailles : « Les affirmations de la conscience moderne »). — Le malaise de nos consciences devient partout extraordinaire, mais en France particulièrement insupportable. Assistons-nous à une crise de croissance ou, ce qu'à Dieu ne plaise ! à une crise de décadence ?

Le Christianisme social est actuellement un aspect, l'aspect chrétien de l'inquiétude universelle. Le fossé se creuse entre les classes et au conflit économique s'ajoute le conflit religieux entre les églises et le peuple. Malgré bien

(1). Cf *The New Era* (p. 135-163). — « Il y a, dit Josiah Strong, une grande classe mécontente ; il y a une grande classe qui ne va pas à l'église (« no-church-going »). Permettez-moi de souligner le *fait que ces deux classes ne sont « substantiellement» qu'une seule et même classe.* Ce sont les masses qui sont mécontentes, ce sont les masses qui règlent et veulent déterminer notre avenir ; ce sont les masses qui constituent les *no-church-goers.»* (p. 220).

A Londres, 130.000 âmes suivent le dimanche, les 872 chapelles ou salles d'évangélisation. C'est peu sur 4 à 5 millions d'habitants !

A Paris, la proportion est certainement moindre encore. Les ouvriers n'ont aucune sympathie pour les églises, *aucune part dans leur direction.* Les églises sont socialement la reproduction fidèle de la société mondaine avec castes fermées.

des faits encourageants, (les « Fraternités » anglaises ou américaines, le mouvement des étudiants chrétiens et son orientation sociale, l'extension des ligues morales, la fondation à Paris de l'« Union de libres-penseurs et de libres-croyants pour la culture morale », l'organisation et les progrès, grâce à nos amis P. Passy et R. Biville, dans notre pays comme ailleurs, de « l'Union des socialistes chrétiens», etc.), il semble que le Christianisme social français, tel que nous venons de le caractériser à grands traits, a besoin de se ressaisir, de reprendre conscience de ses forces spirituelles, de sa mission sociale.

Plus que jamais, et dans cette violente antinomie, je crois exprimer la douleur de la crise actuelle, plus que jamais, la mission du Christianisme social paraît *nécessaire* et *impossible*.

Cette antinomie n'a rien de fatal. Elle est l'expression loyale et objective de l'état actuel de notre mouvement et en France seulement. Le défaut de notre Christianisme social français a été d'être presque exclusivement *pastoral*.

Mais dès que nos chrétiens laïques cesseront d'être timides, de regarder aux pasteurs, comme les catholiques romains aux prêtres, et se décideront à mettre en valeur eux-mêmes les principes du Christ dans le domaine économique, *une ère nouvelle et féconde s'ouvrira, et le Christianisme cessera d'être quelque chose de cléical, d'ecclésiastique et de théorique, pour devenir laïque, social et pratique.*

Un grand motif d'espérer, c'est que si le protestantisme français ne marche pas, le monde marche. En Allemagne, en Suisse, en Angleterre, dans les Etats-Unis, le christianisme social et le socialisme chrétien comptent par milliers des œuvres, et déjà par centaines de milliers des militants. On l'ignore trop chez nous, et il est urgent de donner un tout nouvel essor à nos études, à nos enquêtes, à nos Revues (1). Nous devrons étudier de près les grandes Missions urbaines de l'étranger, et les larges courants d'idées qui aèrent le monde.

CHAPITRE II

Nos Raisons Religieuses

Plus profondément que des considérations historiques, ce sont les expériences spirituelles qui rendent compte de l'orientation sociale d'un chrétien ; donc, ce sont avant tout des raisons religieuses qui nous permettent de caractériser le Christianisme social. Henri Appia l'a défini : « la préoccupation d'appliquer le Christianisme aux questions sociales pour les éclairer de la véritable lumière (« Le Christianisme social », p. VIII). Avec plus de précision, Fallot a écrit : « Je désigne par ce mot, qui n'est pas de moi, mais si je me souviens bien de Bordas-Demoulins, tous les efforts tentés pour acquérir l'intelligence véritable de l'Evangile, et pour faire passer celui-ci dans les lois et dans les institutions. » (2) Ces définitions, encore un peu extérieures, ne disent pas *quel christianisme, quelles forces spirituelles*, il s'agit d'appliquer aux questions sociales et quel Evangile il s'agit de faire passer dans les lois et les institutions.

§ 1. — *Parler de Christianisme tout court, c'est aujourd'hui ne rien dire du tout.*

Ecartons une objection préalable qui est une sorte de fin de non-recevoir, une façon d'écarter le débat. Beaucoup nous opposent en effet ce qu'ils appellent « le Christianisme tout court », évitant ainsi toute pé-

---

(1). Avec nos amis G. Chastand et Wilfred Monod, nous espérons pouvoir, dès janvier 1909, réorganiser et étendre dans ce but la *Revue du Christianisme social.*

(2). Fallot. Simple explication, p. 7, note.

rilleuse précision, soit religieuse, soit sociale, et même tout effort de pensée.... Ce n'est pourtant pas le cas du vénéré M. Charles Babut, écrivant dans « l'Avant-Garde » avec une malice profonde que souligne sa gravité habituelle, qu'il n'arrivait pas, malgré ses efforts, à comprendre ce que nous entendions exactement par Christianisme social. Nous répondons que nous ne saisissons pas très bien non plus ce que c'est exactement que le *Christianisme tout court*. Nous craignons que le *Christianisme tout court* de l'un ne soit pas le *Christianisme tout court* de l'autre...Voici par exemple notre ami H.Nick — un autre chrétien social « malgré lui » et de quelle valeur ! — qui m'écrit : « Je n'emploie pas le mot de chrétien social parce que pour moi, tout chrétien est consciemment ou à son insu, social, par le seul fait qu'il est chrétien, et dans la mesure où il l'est. » Certes oui ! Mais qu'est-ce alors que le christianisme ? Mon ami répond : « Le christianisme est pour moi la vie même du Christ manifestée au sein de notre société égoïste et capitaliste.» Précisant admirablement, il ajoute : « Le christianisme est le levier indispensable de toute transformation économique durable. » A la bonne heure ! — Si le Kaiser qui a foudroyé Stœcker, inspiré le célèbre réscrit contre le mouvement chrétien social allemand et obligé à démissionner bien des pasteurs fidèles, — si le petit Père de Saint-Pétersbourg qui a accueilli le prolétariat souffrant, le 22 janvier 1905, par un massacre ; si le Pape qui vient de condamner la démocratie chrétienne d'Italie, les Murri, les Fogazzaro, et tant d'autres ; si tous les chrétiens capitalistes des Eglises romaines, grecques et protestantes enfin veulent bien accepter la conception du christianisme que notre ami vient de préciser, nous promettons sur l'honneur de ne plus jamais parler de christianisme social.

Nous reconnaissons d'ailleurs les inconvénients réels de cette expression et nous ne l'employons que provisoirement et faute d'une meilleure (1) ; mais il doit être bien entendu que si le christianisme social est un nouveau dogmatisme, nous le renions, et que s'il est une secte ou une Eglise nouvelle, nous n'en sommes pas.

Une chrétienne me disait en me parlant des jeunes filles de son Eglise : « les unes parlent le patois de Canaan, les autres le patois chrétien-social. » Comment ? Déjà, il y a un patois chrétien-social ? C'est à désespérer de l'humanité.... D'autres chrétiens s'imaginent que Christianisme social s'oppose à christianisme *individuel*, ce qui prouve combien les expressions trahissent souvent la vraie pensée des hommes.

Le malheur de nos temps, c'est que toutes les étiquettes sont des noms de guerre : protestantisme, catholicisme romain, christianisme réformé, orthodoxe, libéral, etc. Le Christianisme social est encore le plus pacifique de tous ! Dès qu'on accolle au christianisme un qualificatif, on le disqualifie, si j'ose risquer ce paradoxe. Mais comment faire autrement ? Dans la mêlée confuse des christianismes qualifiés, nous ne savons plus, depuis plus d'un quart de siècle, reconnaître le christianisme de Jésus-Christ. Alors, pour qu'on ne confonde pas le christianisme du salut social, du Royaume de Dieu, préparé longuement par les prophètes, prêché sur la montagne, incarné dans une vie sainte, consacré par une croix sanglante, et élargi démesurément grâce à la brèche ouverte le jour de Pâques jusqu'aux dernières limites étoilées des cieux, — pour qu'on ne confonde pas ce christianisme-là qui ne veut nous mener au ciel qu'à la condition que nous entraînions avec nous toute la terre, — avec les christianismes qui ne parlent que d'un salut individuel, spirituel et posthume, d'un ciel séparé du monde et d'un Dieu qui, dans

(1) *Christianisme solidariste, Messianisme* (Wilfred Monod), *Religion de la Solidarité, Religion de l'Action bonne* (T. Fallot), *Socialisme chrétien*, « *Forward Movement* », etc., etc., ne caractérisent que certains aspects du mouvement général. L'usage a déjà en quelque sorte consacré l'épithète de *Christianisme social*.

cette métaphysique, se résoudrait au besoin à vivre solitaire dans sa Thébaïde céleste,... il a bien fallu parler de christianisme social !

§ 2. — *Comment on devient chrétien social ?* Voulez-vous savoir comment, aujourd'hui encore, on devient chrétien social et même quelque chose de plus ? L'histoire et la psychologie nous le disent.

C'est en visitant, comme Fallot, les paysans du Ban de la Roche ou les ouvriers des faubourgs de Paris, et en s'efforçant de voir en eux vraiment et absolument des frères, des fils de « Notre Père »... C'est en évangélisant à la façon de Price Hughes, le West End de Londres. C'est en passant trois mois, comme Gœhre, dans une usine de Chemnitz et en vivant la pleine vie prolétarienne. On comprend alors ceci : « la grande industrie crée un régime d'existence incompatible avec la pratique de la morale ; la famille ouvrière est détruite par les conditions économiques ; bon nombre de ménages doivent laisser leurs enfants se prostituer pour avoir le supplément au salaire indispensable pour vivre ! » (Gœhre) On comprend alors que dans les masses observées, la promiscuité est obligatoire, le socialisme en gros fatal, l'Eglise parfaitement ignorée, et que Jésus apparaît vaguement à ces pauvres gens, comme une « ébauche » de Bebel ou de Jules Guesde.... Rod. Todt expliquait déjà très bien comment on devient socialiste par réaction, par révolte : « Le socialisme, dit-il, naît du sentiment de révolte produit par la vue du contraste entre la constitution économique actuelle et un certain idéal de justice et d'égalité. » Il ajoute que le Christianisme condamne aussi le monde actuel, au nom du « Royaume nouveau » où les premiers seront les derniers, et que tout chrétien a un « fond de socialisme ». Or, la cause du socialisme n'est pas exclusivement la misère : *c'est le contraste entre l'idéal et la réalité.*

Ceux qui ne voient que la misère, ou qui la subissent depuis trop longtemps, sont déprimés par elle et perdent la conscience de leur malheur : ils ne seront jamais ni socialistes, ni chrétiens sociaux. On sait que des quartiers, des populations entières sont encore à un niveau économique et intellectuel trop bas pour que l'idée de la justice sociale et par suite d'une rénovation profonde les hante.

De même, ceux qui ne vivent que dans le rêve, ou dans l'idéal, ou dans les études, oublient en général ou ne savent pas voir la misère des foules. On ne hait pas alors le profanum vulgus ; on fait pis, *on l'ignore !* Pour être chrétien à la manière de Jésus il faut avoir eu au moins deux visions : celle du Royaume de Dieu et celle de la misère des foules. L'émotion qui naît de ce contraste violent est sainte, féconde, et richement complexe : elle contient toujours une immense pitié et une immense révolte : le « *misereor super turbam* » a toujours pour corollaire, un jour ou l'autre, le « *malheur à vous, pharisiens !* » Un exemple typique de cette révolte et de cette pitié qui font les chrétiens sociaux nous est donné par Joniah Strong, l'auteur célèbre de « The new Era », se retirant de l'Alliance évangélique universelle pour les motifs suivants: « J'allai à la séance ; quelqu'un se leva et dit : Je ne me préoccupe pas des mains sales d'un homme ; ce qui m'intéresse, c'est son cœur sale ! — Un autre se leva et dit : Je ne me préoccupe pas du corps nu d'un homme ; ce qui m'intéresse, c'est son âme qui est nue ! — Un troisième : Je ne me préoccupe pas de l'estomac vide d'un homme ; ce qui m'intéresse, c'est son cœur et son âme qui sont vides ! » J. Strong conclut d'un mot sec et net : « Cela m'a suffi ! » (And that was enough for me !)

Si j'ose, après d'aussi importants témoignages, me permettre de donner mon humble expérience, j'avouerai que je n'ai jamais été plus révolté comme homme, contre la société actuelle, comme chrétien contre les églises (qui me semblaient alors sans horizons intellectuels et

sociaux) et contre le dogme immobile de nos christianismes officiels, que quand, à Alais, je visitais le pauvre
peuple si sale, si misérable, mais doux et résigné, des
étroites ruelles, — ou quand, à Roubaix, je faisais dans
les « courées » mes enquêtes sur la mentalité et sur la
misère matérielle, intellectuelle ou morale — du prolétariat.

On ne sait jamais ce qu'on apprend dans les livres :
pour savoir, il faut voir, sentir et vivre. — En sortant de
chez certains ouvriers, que de fois j'ai eu la fièvre et j'ai
serré les poings… La pitié réveille la justice et rend révolutionnaire. Tous les problèmes de la théologie pastorale,
de l'exégèse, de la dogmatique, doctoralement résolus dans
les Facultés de théologie, surgissaient alors comme à nouveau, et dansaient à la fois devant mon âme bouleversée
une valse effrénée : l'impuissance de toutes les formules
apprises, l'inefficacité de nos remèdes théoriques et de
notre verbe abondant, le ridicule de nos institutions de
bienfaisance et de notre aumône, m'apparaissaient devant
l'énormité du problème économique ! Et comme l'inadap-
tation sociale de l'Eglise était évidente, d'une évidence qui
n'a cessé de s'éclairer pendant vingt ans de ministère jusqu'à l'éblouissement !…

La même énigme qui hantait l'âme d'Henry George en
face du progrès économique et du progrès parallèle de la
misère, me poursuivait, insoluble, jusque dans la prière.
Et plus je lisais ma Bible, plus je visitais les ouvriers, les
pauvres, plus mon âme se révoltait, non certes contre les
employeurs ou les riches (sauf exceptions bien entendu)
que j'aimais autant que les autres, non pas même contre
les classes spéciales dites dirigeantes, attendu que leur
responsabilité est plus limitée et plus indécise qu'on ne
pense d'ordinaire, — mais contre cette puissance collective du mal, dont chaque individu est à la fois le complice
et la victime, contre ce régime d'enfer où la liberté économique engendre fatalement l'esclavage prolétarien.

On comprend alors quelle révolution à la fois religieuse et sociale, sociale et religieuse, il faut pour convertir le paria de la cité en fils du Royaume ! Je le dis avec l'énergie dont je suis capable : les moments les plus fidèles, les plus religieux de mon ministère ont été ceux où ma conscience de chrétien a été le plus révoltée de cette manière-là ; et l'une des heures où j'ai été le plus en communion avec l'Esprit du Christ, a été celle où, à la Solidarité de Roubaix, le premier de ma génération pastorale, et après avoir vu tout ce que j'avais vu, j'ai fait publiquement adhésion, non certes à une organisation politique ou à un parti économique quelconque, mais à l'idéal socialiste du prolétariat. (1) On m'a beaucoup reproché de tous les côtés ce pas en avant accompli comme chrétien, vers les masses socialistes dégoûtées du christianisme. Je sais que la crête est périlleuse et bordée de précipices ; mais abîme pour abîme, il vaut mieux pour un chrétien pencher du côté des multitudes que de l'autre. Et d'ailleurs, guidé par le Christ qui ne fait qu'un avec le misérable, avec l'opprimé, avec les petits, — est-ce tomber qu'aller au peuple ?

N'est-ce pas au contraire suivre le *chemin* qui monte et qui mène, tout au bout, à une croix ?

***

§ 3. *Essai de définition.* — Si, après toutes les considérations qui précèdent, j'ose risquer une définition expérimentale, je proposerai celle-ci :

Le Christianisme social, c'est la rénovation progressive du monde (âmes, églises, société) par la puissance spirituelle de Jésus-Christ et par l'idée du Royaume de Dieu.

En un sens plus précis encore, plus pratique et plus positif, nous entendons par là, au siècle de la question sociale : *l'ensemble des efforts, toujours plus conscients*

____

(1) Le 11 novembre 1900.

et solidaires, accomplis par les chrétiens de toutes les églises, de toutes les classes, de tous les pays, pour faire du christianisme (selon le mot de Fichte) « la force interne et organisatrice de la Société » — par conséquent des lois, des institutions et de la vie économique aussi bien que de la vie individuelle, — et pour réaliser sur la terre, avec l'aide de l'Esprit et par l'application fidèle et intégrale des lois de justice et d'amour, le Règne du Christ, sublime et nécessaire prologue du Royaume de Dieu ! (1)

Les avantages d'une telle conception du Christianisme nous paraissent considérables :

1° Nous croyons en effet à l'accord possible du Christianisme ainsi défini et orienté avec la science et avec la conscience contemporaines, en toutes leurs affirmations positives.

2° Nous croyons à l'accord certain de ce christianisme social avec la vieille Bible et avec le puissant réalisme des prophètes, des apôtres et de Jésus, dont nous opposons la vérité vivante, la profondeur solidariste et l'espérance sociale, à tous les principes formalistes ou abstraits du rationalisme, du spiritualisme plus ou moins platonisant, du moralisme philosophique ou même de la théologie dogmatique et revivaliste de nos jours.

3° Nous croyons enfin à la réconciliation *possible*, et si nous sommes fidèles et unis, *prochaine*, de l'Évangile avec la démocratie, et plus particulièrement avec le prolétariat contemporain ; tout au moins sur le terrain des principes, car il restera toujours entre l'âme et

---

(1) On nous excusera si nous appelons l'attention des lecteurs sur cette définition, un peu complexe peut-être, où nous avons essayé de condenser les idées, les expériences et les ambitions les plus osées comme les plus nuancées des chrétiens sociaux d'aujourd'hui. Nous renvoyons pour les bases théologiques et pratiques de cette définition aux ouvrages de Fallot, d'Henri Appia, de G. Frommel, de Wilfred Monod (*L'Espérance Chrétienne*) et à notre modeste *Essai* sur « Les Principes religieux du Christianisme social ».

Christ et entre la société et Dieu, les obstacles moraux et spirituels que seule la volonté divine et la liberté humaine peuvent enlever.

Il y a trois choses à considérer dans notre définition du christianisme social : A) *les idées-forces*, les forces spirituelles qu'elle nous offre ; B) *les lois d'amour* du Royaume de Dieu ; C) l'application de ces forces et de ces lois à l'individu et à la société actuelle.

§ 4. *Les Idées-forces du Christianisme social.* — On comprend que si le christianisme social est le moment actuel de l'éternelle réforme, ses principes fondamentaux devraient être affirmés, comme le furent ceux de la Réforme du XVIᵉ siècle, avec clarté et avec enthousiasme. Toutefois un immense effort de rénovation intérieure et d'adaptation sociale et économique ne saurait se faire en un jour et sans résistance. Aussi revêt-il deux caractères essentiels. *Il est d'abord critique* ; c'est même par là qu'il commence toujours, ce qui le rend impopulaire chez ceux qui trouvent que tout va bien et qui veulent la paix à tout prix. Il est obligé, par son principe même qui est éternellement réformateur, de faire l'incessante critique scientifique, morale, sociale, etc., des institutions, des lois, des églises. Mais c'est parce qu'il a des visions d'âmes régénérées et de cités saintes que le chrétien social se permet de juger, de critiquer et d'essayer de détruire toutes les citadelles du vice et de l'iniquité. Ce criticisme solidariste est un devoir sacré et une responsabilité redoutable.

Le Christianisme social est ensuite et surtout positif. A ce point de vue, il se borne à mettre en pleine lumière, dégagé de toutes les additions, de toutes les casuistiques, de toutes les broussailles cléricales dont on l'a, pendant des siècles, obstrué et obscurci — le vieil et simple évangile du Royaume.

A l'heure actuelle, dans le monde entier, nous affirmons que les deux idées-forces de cette réforme, dont Vinet disait qu'elle est « à faire » — apparaissent aux yeux de tous de plus en plus clairement : *c'est l'Esprit du Christ* et c'est le *Royaume de Dieu !*

1. *L'Esprit du Christ*. — Chez l'élite des chrétiens et des églises, « l'Esprit du Christ », « la conscience du Christ », « la personne du Christ », « la royauté du Christ », « le messianisme », sont autant d'expressions courantes et de mots d'ordre dans le monde chrétien tout entier, — surtout depuis quelques années, — pour désigner *l'Idée-force universelle*. C'est cette Idée-force, ce principe vivant et personnel qui, dans la réalité des choses et déjà dans la lettre des professions de foi, remplace avantageusement, soit le principe romain de l'Eglise, soit le principe formel du protestantisme, l'autorité souveraine de la Bible. Toute la théologie devient *christocentrique*. (1)

Jésus n'est plus seulement l'homme des églises.

Il est l'Homme, l'Homme de l'humanité.

Il n'est plus un sauveur métaphysique, qui exige des croyances correctes, ni un « Christ selon la chair », selon la formule, selon le marbre ou le bronze du crucifix, que le formalisme des prêtres et le matérialisme des masses adorent sous tant de formes grossières ou esthétiques dans les chapelles ou les basiliques : il est le Christ vivant, *le Christ selon l'esprit*, le Saint révolutionnaire, l'ouvrier invisible et puissant de la rénovation universelle, que l'idéalisme de l'élite et le socialisme des peuples finiront bien, par la force des choses, par acclamer comme le seul guide de l'humanité planétaire, comme le Roi spirituel et social qui, loin de vouloir gouverner, légiférer, rançon-

---

(1) « La chose essentielle dans le Christianisme, dit Wernle, c'est la conscience personnelle, unique du Christ. » J. Holtzmann (das Messianische Bewusstsein Jesu) — Fritzsche (das Berufsbewusstsein Jesu) — Wernle, — (die Anfänge unserer Religion, etc.) — Kaftan, etc. — proclament *l'idée messianique*. — *Fairbairn*, en Angleterre, — Matthews, Rauschenbusch, en Amérique, etc.

ner, asservir, à la manière des puissances de ce monde, veut au contraire affranchir les individus de tous les péchés, les églises de toutes leurs défaillances, les sociétés de tous leurs fléaux, et par le seul prestige de son amour, faire de l'humanité, lui juste, un peuple de justes, lui roi, un peuple de rois.

2. *Le Royaume de Dieu.* — La seconde idée-force du Christianisme social, indissolublement liée à la première, mais moins universellement comprise et admise par les chrétiens, est celle du Royaume de Dieu. Mais comment cette idée si vieille et si moderne d'une société nouvelle, d'une terre sainte, ne triompherait-elle pas ? *Elle est le contenu tout entier de la conscience du Christ.* De la conscience historique de Jésus est sorti l'Evangile du Royaume ; de son Esprit actuellement agissant sort... le Royaume lui-même !

« *Que ton Règne vienne !* » « *Que la volonté soit faite sur la terre !* » « *Cherchez premièrement le Royaume de Dieu et sa justice* »... (1) Voilà des mots décisifs.

Nous n'entrerons pas ici dans la discussion séculaire (et pratiquement assez vaine, en somme) entre les écoles théologiques et exégétiques qui spiritualisent l'idée du Royaume de Dieu, parfois jusqu'à la volatiliser complètement, — et les écoles réalistes qui, sans nier le Royaume de Dieu spirituel et progressif, formellement enseigné dans les Evangiles et les épîtres, proclament que le Royaume est et surtout sera *terrestre, social* et *messianique.* Ce débat, soit dit en passant, n'est pas encore clos, et il atteste à sa façon l'avènement en théologie, depuis plus d'un demi-siècle, d'un esprit tout nouveau qui est justement l'esprit social envahissant les questions religieuses.

En ce qui nous concerne, nous n'avons jamais pu comprendre l'exclusivisme des deux écoles qui représentent chacune une moitié de vérité. Il y a deux sortes de messianisme, qui depuis les grands prophètes du viiie siècle

____

(1) Et Saint-Paul répète : « *Il faut qu'il règne !*... » I Cor. xv, 25.

avant J. C. jusqu'à nos jours luttent sans cesse dans le monde : le messianisme matérialiste et le messianisme idéaliste. Et nous ne voyons pas pourquoi l'espérance messianique des prophètes de la grande tradition excluerait l'espérance céleste révélée aux apôtres par la croix du Calvaire et par le tombeau vide ? Prétendre, comme certains théologiens à courte vue, que la croix sanglante et la gloire de Pâques ont ruiné définitivement *l'attente de la justice sociale*, et que l'heure de cette justice ne sonnera jamais ici-bas, mais seulement à l'horloge lointaine de l'éternité, — c'est proclamer sans le vouloir la faillite totale du prophétisme que Jésus a pourtant voulu « non abolir, mais accomplir », celle des Evangiles synoptiques, et même celle du règne terrestre et universel de Christ qui est bien authentiquement dans les épîtres de Paul ; — et surtout, c'est faire servir la mort et la résurrection du Sauveur à des fins bien décevantes et stupéfiantes, puisqu'elles inaugureraient, sous prétexte de spiritualité, l'ajournement indéfini de la justice sociale aux calendes eschatologiques.

Au reste, il semble bien que l'attente persistante du royaume dans l'église primitive est l'irrécusable preuve que si le messianisme a été mal interprété en ce qui concerne le mode et l'époque de sa réalisation, il reste cependant l'idéal impérissable, certifié par Jésus et fidèlement transmis par les apôtres, de l'Evangile authentique.

Mais laissons cette discussion et constatons avec joie que, *dans la pratique, il y a des chrétiens sociaux très ardents et très militants de l'une et l'autre exégèse*. Et cela fortifie notre point de vue conciliant et synthétique, autant que l'ensemble des données bibliques que les écoles exclusives prétendent contraires, et qui nous paraissent supplétives et simplement antithétiques. (1)

(1) C'est depuis Rothe et Ritschl surtout, que l'idée du Royaume de Dieu reconquiert la pensée religieuse. Que le Royaume de Dieu soit le centre de l'enseignement du Christ, cela ne fait aucun doute. Il est toutefois certain que Jésus a transformé et sanctifié la vieille idée prophétique en montrant que le Royaume ne dépendait ni de

Le spirituel n'exclut pas le social ; le céleste n'exclut pas le terrestre ; l'invisible est dans le visible ; interne et externe sont un dans la réalité. C'est avec la terre que se fait le ciel de l'humanité. — Il suffit qu'on nous accorde — et tout le monde peut l'accorder — que le Royaume de Dieu, spirituel et futur, *doit être préparé sur la terre*, sérieusement, par l'action individuelle et par l'action sociale, pour être dans le sillon du christianisme social.

La religion du Père ou celle du Royaume veut tout pénétrer... et la foi en cette universelle pénétration est la force secrète et grandissante des chrétiens.

Qu'on ne nous oppose donc plus « la liberté intérieure », ni l'expérience personnelle de la foi !... La foi personnelle véritable possède son objet et au besoin le réalise et le crée ! Mais cet objet n'est pas seulement individuel, il est social ; il dépasse en tous cas infiniment la sphère de tous les individus humains. Et dès lors la foi, saisie dans sa vie essentielle, dans son action, arrache l'homme à lui-même, le sort de son individualisme, et devient (comme le devoir, ou comme « le suprême persuasif » de Fouillée) « *la volonté impérative de l'idéal universel* », « *le point de coïncidence du vouloir et du devoir* », et nous ajoutons :

la violence, ni de la force humaine, ni d'une catastrophe divine, ni d'une reconstitution nationale, mais d'un progrès lent et organique et d'une œuvre s'accomplissant d'homme à homme et de groupe à groupe « Le Royaume reste encore une conception collective, enveloppant toute la vie sociale de l'homme. » (*Rauschenbusch. Christianity and the social crisis* 1907, p. 54 et s.)

Les doctrines de Rothe et de Ritschl sur le Royaume de Dieu ont favorisé en Allemagne l'action sociale des pasteurs et des chrétiens, car la réalisation du Royaume est la suite logique, nécessaire de l'incarnation, de l'humanité de Dieu. Voir *Nathusius*, die Mitarbeit, I, 91-94, etc.

M. Henri Monnier, dans son livre sur « La Mission historique de Jésus » (1906), rejette la thèse réaliste du messianisme, mais pourtant cherche, non sans peine, à rejoindre, par la voie individualiste et spiritualiste, le Christianisme social (Cf. p. 335 et s.). Une autre thèse de valeur, dont les conclusions synthétiques sont à peu près les nôtres, vient de paraître : A. Causse, « L'Évolution et l'Espérance messianique dans le Christianisme primitif. » (1908).

la force consciente et surtout subconsciente qui fait vivre en Dieu, et par le même acte, dans nos frères, — nous élevant progressivement au-dessus de nous-mêmes jusqu'à la société qu'elle veut rénover, jusqu'à l'Univers qu'elle veut glorifier, et jusqu'au ciel qu'elle contemple et qu'elle réalise.

§ 5. *Les deux lois du Royaume — et « le commandement nouveau », seul principe social actuellement efficace.*

Que *doit* faire le chrétien avec la double force — personnelle et sociale — que nous venons de décrire ? — Une seule chose : aimer. Car les deux lois simples, lumineuses, formulées par le Christ : « *Tu aimeras le Seigneur ton Dieu* »... « *Tu aimeras le prochain comme toi-même* » — n'en font qu'une. (Matth. xxii, 37-40).

C'est ainsi que, pour le Christianisme social, la religion se condense toute en forces spirituelles (l'Esprit du Christ, l'attrait du Royaume), le dogme s'exprime en termes d'expérience religieuse, et la métaphysique et la théologie tout entières se fondent en morale.

Rendons cet hommage aux églises qu'elles ont fortement prêché et mis en relief le premier commandement — *les rapports religieux avec Dieu,* encore qu'elles auraient pu essayer d'aimer Dieu un peu plus « de toute leur pensée ! » Mais le deuxième principe, pareil au premier, celui qui règle *tous les rapports sociaux,* il faut l'avouer, n'a pas été pris très au sérieux ni par elles, ni a fortiori par la société. Ce n'est pourtant pas un bel idéal de vie future, mais un principe d'action qu'il s'agit d'appliquer à la vie sociale tout entière ! *Aimer le prochain comme soi-même, c'est la mesure de la justice,* fixée par Jésus lui-même, pour constituer une société normale.

Mais en face d'un monde égoïste, incrédule, anarchique, où l'intérêt étouffe l'amour et où la force crucifie la justice, Jésus découvre et révèle à ses disciples, en même temps que la nécessité morale et rédemptrice de sa passion et de sa mort, la nécessité sociale *d'un commandement nouveau*, plus efficace et plus complet.

« Je vous donne un commandement nouveau, c'est que vous vous aimiez *comme je vous ai aimés* » (Jean XIII, 34). Cela veut dire tout simplement qu'il faut, comme Jésus, se donner, donner sa vie aux autres ; *que la loi nouvelle qui régit les rapports sociaux et économiques consiste, dans un monde anormal et qui met en croix la sainteté, à donner plus que la stricte mesure de la justice, à aimer le prochain « plus que soi-même »*. Voilà la véritable nouveauté chrétienne. (1)

Or, le christianisme ecclésiastique et dogmatique a fait du second commandement, même et surtout révisé dans le sens du sacrifice, une loi théorique, exceptionnelle, idéalement belle dans les développements oratoires, mais impossible, socialement inapplicable. Quels économistes, en dehors des socialistes chrétiens et des coopérateurs, oseraient s'en inspirer dans leur Economie politique ? Nul ne songe à l'appliquer au commerce, à l'industrie, à l'agriculture, aux carrières libérales ! Mais alors, si le deuxième commandement est exclu de tous ces domaines quel champ d'application lui reste-t-il ?...

On a ainsi fini par séparer la vie en deux portions : le sacré et le profane, ce qui est du pur paganisme. Puis on a séparé ce qui dans la Bible, comme dans la réalité, est toujours uni : l'individuel et le social, donc le salut individuel et le salut social, antithèses relativement modernes et ignorées en tous cas des prophètes et des apôtres bien compris.... Bien plus, dans l'individu lui-même, on a fini par distinguer l'*âme* du *corps*, en sorte que l'on a pu encore rétrécir, à force de spiritualisation, le salut humain, et l'appeler « *le salut de l'âme* », expression qui, entendue de cette manière, dualiste et platonicienne, est

(1) J. Strong a développé ces idées dans son livre « The new Era » (p. 121 et s.)

étrangère aux Saintes Ecritures. L'individualisme moléculaire de notre théologie a conçu l'homme isolé devant un Dieu isolé.

La force du Christianisme, socialement parlant, n'est plus actuellement, ni dans le dogme, ni dans l'Eglise. Celle-ci a rendu et rend encore de grands services aux âmes, en leur prêchant l'Evangile du salut individuel et de la Croix : mais généralement, elle détache des préoccupations économiques ceux qu'elle convertit, à sa manière, aux préoccupations célestes.

Trop souvent, les hommes que l'Eglise sauve sont perdus pour la société. Dieu nous garde de méconnaître la valeur unique, inappréciable, des doctrines chrétiennes essentielles et de l'Eglise ! Dogmes et églises ont été les moules précieux qui ont contenu et nous ont transmis les trésors spirituels de la parole sainte et de la vie du Christ : mais la fonction conservatrice des églises semble bien compromise si elles ne se transforment pas profondément en vue de leur adaptation aux conditions de la pensée et de la vie modernes. (1) Pour qu'on ne se méprenne pas sur notre pensée, nous tenons à affirmer notre attachement profond aux églises, surtout à nos églises locales. Le devoir des chrétiens sociaux est d'y rester et de travailler de toutes leurs forces, aux transformations nécessaires, par les idées-forces du Christ et du Royaume, et au nom même de cette loi d'amour qui ne veut rien abolir, mais tout accomplir.

---

(1) C'est l'avis de Gaston Frommel :

« Ce qui fait le plus cruellement défaut au protestantisme évangélique contemporain, c'est une *réalisation sociale* adéquate à son essence » (« Etudes relig. et sociales », p. 228). Et encore : « Les Eglises ne sont pas de vraies églises, par où j'entends des sociétés dans lesquelles s'incarnent, se développent et puissent librement s'épanouir les éléments sociaux de la vie chrétienne », (p. 228. « Nos Eglises, qui devaient être la manifestation sociale de la vie chrétienne dans le monde, ne sont plus guère que des auditoires », (p. 231). Tout le chapitre : « L'Eglise et le Problème social » est à méditer.

§ 6. *L'application des forces et des principes du Christianisme social. Notre individualisme fondamental.*

Nous ne mettrons jamais assez l'accent sur la conversion individuelle, sur le salut personnel, sur les expériences religieuses positives. Tant vaut l'homme tant vaudra la société. Même et surtout si le Christianisme social aboutit économiquement au socialisme, il doit être religieusement individualiste. Loin donc que le christianisme social affaiblisse ou atténue le christianisme individuel, nous prétendons qu'il doit au contraire le fortifier et l'exalter, et qu'il est appelé à fonder le véritable individualisme, non celui qui n'est qu'un autre nom, en économie politique et en religion, de l'égoïsme (qu'on relise l'étude magistrale de Vinet sur « l'Individualité et l'Individualisme », à laquelle le solidarisme moderne pourrait ajouter des arguments nouveaux), mais celui qui est la condition organique, dynamique, de la personnalité morale et qui intègre le salut de l'individu dans le salut de l'ensemble. L'homme et la société, dans l'Evangile du Royaume et dans le nouveau régime de la loi d'amour, sont à la fois *fin* et *moyen* l'un pour l'autre.

Notre individualisme est situé dans un solidarisme universel. L'individu n'est pas un tout, il ne se suffit pas, il n'est qu'un organe relativement libre dans un tout solidaire. La société, de même, n'est rien sans l'individu. Dans la réalité, il y a interdépendance constante : *nécessaire* dans le domaine physique et même psychique ; *obligatoire* dans le domaine moral ; *libre*, d'une liberté glorieuse et réelle, dans le domaine spirituel.

Le Christianisme social régénérera le vieil individualisme, et lui substituera un tout nouvel individualisme... ou pour mieux dire, il supprimera toute cette querelle purement philosophique ou théologique sur l'individualisme et le socialisme, au nom même du puissant réalisme synthétique de la vie, et parce qu'il ne sera plus dupe — s'étant mis à l'école des grands intuitionnistes, — du langage spatial et géométrique par lequel la théologie a si longtemps et si dogmatiquement exprimé les grandes réalités spirituelles. Dans l'ordre des réalités qualitatives, de la *durée pure*, donc des expériences religieuses, le vieux dualisme s'évanouit... et le problème de l'individuel et du social se transforme du tout au tout. Il faudra sans doute du temps pour comprendre cela... La conception individualiste de la religion, dit Rauschenbush, est si fortement ancrée dans la littérature théologique et les institutions ecclésiastiques que *son monopole* ne peut être brisé en une heure. (1)

En tout cas le Christianisme social est en train de créer « *un nouveau type de chrétien* » (Rauschenbusch). Il n'est pas une seule des vraies expériences religieuses personnelles (repentance, foi, régénération, sanctification, attente du Royaume de Dieu et de la vie éternelle, évangélisation) qu'il ne pose et repose et qu'il ne réinterprète du point de vue solidariste. (2)

Tout n'existe qu'en raison du Royaume et s'y organise *fonctionnellement*. Notre attente, nos perspectives sont infinies. Nous respirons. Il y a de l'air et du large dans nos horizons... C'est à la lumière des principes que nous avons posés que nous concevons *le salut individuel* comme indissolublement lié *au salut social*.

Etre sauvé, en effet, ce n'est pas seulement être délivré du mal, et de ses sanctions dernières, ou « échapper à la colère à venir » (comme le disaient les vieux méthodistes), car à vrai dire un tel salut négatif est encore sans contenu moral et sans contenu social ; *être sauvé, déjà sur la terre, c'est être rendu capable, par l'action et par la passion de Jésus, d'aimer le Père de tout son être et ses frères comme soi-même, et le cas échéant, « plus que soi-même », et de travailler à l'avènement de la Cité de justice et de fraternité.*

<hr>

(1) Rauschenbuch, op. cit., p. 46.
(2) Cf. notre *Essai sur les Principes religieux du Christianisme social* où nous avons développé cette pensée (1902).

« *Le salut n'est plus possible aujourd'hui et deviendra de moins en moins possible dans l'avenir, s'il n'est accompagné de ses applications sociales* », a dit G. Frommel. (1) *La question du salut individuel ne peut plus s'abstraire de la question du salut social.* »

Osons le dire tout haut : l'idée d'un salut personnel et eschatologique indépendante du salut social et terrestre, qui nous était jadis familière, nous procure, de plus en plus, un malaise moral, une gêne inexprimable. Cette idée est-elle bien chrétienne ? N'y a-t-il pas sur elle comme un reflet du capitalisme païen ? Les âmes chrétiennes nobles et profondes nous disent ne pouvoir plus jouir aujourd'hui de leur salut personnel, s'il est solitaire, sans qu'une voix intérieure se mette à gronder formidablement. Le second commandement, par une logique invincible, nous empêche d'accepter notre salut, si le prochain n'y participe pas. Le ciel, sans la terre, ne nous attire que comme un pis aller. Nous avons de la peine à comprendre un ciel quelconque à côté d'un enfer. En face de la société actuelle, oser se dire *heureux* et chanter sans réserves certains cantiques sur «le parfait bonheur» du racheté, c'est, pour dire le moins, manquer d'amour ou de tact, c'est être une énigme.

Au nom du Christ pleurant sur les foules galiléennes, au nom de son sang versé par les dirigeants de Jérusalem, au nom du Père qui fait briller son soleil sur le front des méchants et des bons et qui attend inlassablement le retour de l'enfant prodigue, nous ne pouvons et nous ne voulons plus jamais connaître cette béatitude des yeux fermés.

.˙.

(1) *G. Frommel.* Etudes relig. et sociales, p. 234. « La question sociale est de nos jours une question de salut, de salut moral aussi bien qu'économique. Comment dès lors l'Eglise chrétienne pourrait elle s'en désintéresser ? » (p. 235). Nous recommandons tout ce bel ouvrage du regretté Frommel, qui expose avec une autorité et une profondeur particulières tout le programme religieux du Christianisme social.

Toute notre conception religieuse du Christianisme social aboutit donc à cette conclusion. La révolution interne de l'individu que nous appelons *conversion* est de telle nature qu'elle *doit* aboutir, progressivement ou soudainement, à une complète rénovation sociale et économique. De même qu'à l'égoïsme individuel s'oppose l'amour, à la compétition universelle doit succéder la coopération.

L'obstacle principal à cette rénovation individuelle et sociale, nous l'appelons d'un terme qui est devenu très vague et très abstrait dans nos milieux religieux : *le péché*. Le moment est venu d'appeler le péché par son nom. Sans doute la forme de ce péché est multiple : sensualité, égoïsme, orgueil, etc. Mais « la racine de tous les maux, c'est l'amour de l'argent », c'est l'instinct vicié de la propriété privée en tous domaines. Aussi Jésus a-t-il posé nettement tout le problème religieux en termes économiques ! « Vous ne pouvez servir Dieu et Mammon » (Luc, XVI, 13) (1).

Tout dépend pratiquement de Mammon : tous les moyens de production, de consommation et d'échange, en régime de concurrence ; c'est lui qui soutient et entretient toute l'immoralité : alcoolisme, pornographie, prostitution, jeux d'argent, pari mutuel, loteries, spéculations, etc. Il concrétise la souveraineté de l'égoïsme.

Il est l'obstacle au Royaume. (2)

Nous devons donc, par cette logique de l'Esprit qui est plus inexorable encore que celle de la raison, soumettre l'Economie politique à l'action régénératrice de Christ et de sa loi d'amour ; il faut faire rentrer le capital, les

---

(1) Lire la belle étude de *Paul Minault* : « Jesus et la Richesse », dans « la Revue du Christianisme social », 15 nov. 1890. On se convaincra, en la lisant, que l'attitude générale de Jésus à l'égard de la richesse est tout ce qu'il y a de plus clair, dans les Evangiles. Elle est, dans la conscience des hommes, *l'obstacle psychologique par excellence* au salut et au Royaume de Dieu.

(2) Channing disait déjà en 1883 : « La distinction que la richesse établit dans la société est peut-être la preuve la plus forte qu'on puisse alléguer du peu d'influence qu'exerce l'Evangile. »

biens, la propriété soit privée, soit sociale, dans le champ des expériences religieuses. Cela serait évidemment *nouveau*. Résister à ce devoir, soustraire le régime économique de la production, de la consommation, de la répartition des biens à l'action progressivement rénovatrice de l'Evangile, c'est vouloir rester hors du Royaume de Dieu, c'est être pratiquement des *païens*, quelle que soit notre Eglise ou notre profession de foi.

§ 7. *La méthode d'action du Christianisme social.*

Des raisons historiques et religieuses se dégagent nettement pour nous *la méthode d'action du Christianisme social*.

Ce point est d'une importance capitale.

C'est sur la question de méthode qu'a eu lieu la crise de T. Fallot en 1892-93. C'est elle qui l'a hanté dans tous ses derniers ouvrages et qui a inspiré tous les avertissements qu'il nous a prodigués. C'est elle qui, en Allemagne, a séparé Stœcker de Naumann, et qui, mal résolue dans le sens politique, a amené les rescrits célèbres et dès 1896 la désapprobation impériale, qui a tant intimidé le luthéranisme officiel. En France, en somme, c'est peut-être notre petit nombre qui nous a gardés de la tentation politique, mais enfin nous sommes toujours restés fidèles à la méthode spirituelle et essentiellement pédagogique. A l'Evangile, nous demandons les principes directeurs, les grandes lois du Royaume de Dieu, un idéal social et une force sainte : mais non pas dans une formule définie.

Le Christianisme oriente, inspire, convertit et sanctifie. Il ne doit pas, il ne peut pas sans se compromettre, dicter, endoctriner, imposer, décréter. Il plane au-dessus du droit, de la science, de l'économie politique de toutes les époques. Le lier au capitalisme aujourd'hui, — demain au socialisme, — ce serait l'immobiliser. En ce sens, avec M. Ragaz, nous disons : « Nous n'avons garde de solidariser l'Evangile avec un ordre économique quelconque... Nous affirmons seulement ceci : le but économique que se propose le socialisme nous paraît d'accord (1) avec l'idéal de vie qui résulte de l'Evangile. »

Il y a deux manières d'agir socialement : celle de la chair et celle de l'Esprit. La première vise à *la contrainte sociale*, la seconde à *l'influence sociale*.

Dans le langage courant, toujours dangereux et brutal parce que spatial et matérialiste, — l'action sociale apparaît presque toujours sous l'angle charnel, matériel, politique. Il est sûr que dans ce cas, en tant que chrétiens et qu'églises, nous devons nous en garder. Jésus n'a jamais voulu être *Roi* en ce sens extérieur et mondain. Il est vraiment étrange que le célèbre socialiste chrétien Naumann ait jamais eu besoin de chevaucher sur les mauvais chemins de Naplouse à Jérusalem pour renoncer à l'idée d'un Christ « réformateur social » en ce sens charnel, à l'idée d'un Christ politique poussant ses disciples au Reichstag, votant des crédits pour la flotte impériale et réparant les chemins défoncés ! — Pour modifier de telles conceptions, il a fallu la vision du chemin de Naplouse, mais elle n'aura pas la portée d'un chemin de Damas ! La mission sociale de Jésus doit se distinguer de l'impérialisme. (2)

C'est spirituellement et dynamiquement, par voie d'inspiration, que Jésus est réformateur social, roi universel, *Messie* terrestre. (3)

---

(1) Nous dirions même « actuellement d'accord ». Cf. *Ragaz*. Article de la « Revue du Christianisme social », 1907, p. 429.

(2) Il est très nécessaire ici de méditer le fameux passage : « Mon Royaume n'est pas de ce monde », de l'ordre de ce monde impérialiste, politique, etc., auquel tu penses, toi Pilate.

(3) Peut-on conclure de son refus pédagogique d'être juge dans un différend entre deux frères, différend qui concernait les pouvoirs établis (Luc xii, 13-14), qu'il n'a pas voulu être *Messie social* ? — Au sens charnel et juridique, oui certes ! — Mais ce texte ne saurait avoir la portée anti-interventionniste et anti-sociale qu'on lui donne, et confirme notre conception du *Messianisme social selon la méthode spirituelle*. Ne voyons-nous pas en effet Jésus, après avoir refusé de trancher matériellement et par voie d'autorité juridique (qui

A travers les prophètes, les synoptiques et même les épîtres, nous pouvons suivre *les deux conceptions messianiques ou sociales*, qui n'ont jamais cessé d'exister parallèlement et de se heurter, depuis le VIIIe siècle avant Jésus-Christ jusqu'à nos jours. Comme Jésus lui-même, nous devons repousser les tentations subtiles du *messianisme matérialiste*, — éviter la déplorable confusion de la société temporelle et de la société spirituelle, *le péril théocratique*, et, comme lui, proclamer, incarner et réaliser *le messianisme spirituel*, c'est-à-dire le seul vrai messianisme social qui puisse normalement conquérir et renouveler la terre. (1)

eût été une usurpation d'ailleurs) un différend, — agir pourtant par la voie pédagogique et spirituelle — qui est le mode unique, mais souverain, de son action, en disant immédiatement au peuple à propos de ce procès : « *Gardez-vous avec soin de l'avarice ?* » « La vie est plus que la nourriture et le corps plus que le vêtement. » — Si les deux frères ont écouté la leçon et s'ils ont vraiment voulu suivre Jésus, je garantis que leurs affaires se sont bien arrangées... même juridiquement.

(1) Même en face de la mort, de la Croix, Jésus a affirmé solennellement cette royauté : « Tu l'as dit, je suis Roi. » — Même après la résurrection, il a laissé aux apôtres la certitude qu'il avait tout pouvoir : « Tout pouvoir m'a été donné dans le ciel et *sur la terre.* »

Gaston FROMMEL (*Etudes religieuses et sociales*, p. 206 etc.) exprime cette critique « tendancielle », justifiée en partie par certaines intempérances de langage, en partie par l'exemple du Christianisme social allemand, que les chrétiens sociaux échapperont difficilement au péril théocratique et par conséquent clérical ! Avec raison, il souligne la malheureuse formule d'A. CAUSSE, qui fut un enfant terrible, aujourd'hui très assagi, du Christianisme social : « Le Royaume de Dieu vient par l'Etat » (*Revue du Christianisme social*, novembre 1903). Nous repoussons une pareille formule, et et rejetons toute théocratie politique. — Toutefois, ce n'est pas une raison pour livrer à la barbarie tout le domaine temporel. Une théocratie spirituelle et libérale pénétrant d'esprit, de justice et d'amour, une société extraordinairement développée — est bien le rêve de tous les chrétiens, s'ils sont fidèles à l'Evangile ; mais une telle théocratie n'a rien de commun, *dans ses méthodes et dans sa nature*, avec ce qu'on a appelé jusqu'ici *la théocratie politique et cléricale*. — Ce n'est que dans sa perfection dernière et réalisée que le Royaume de Dieu sur la terre pourrait sans danger, *en droit* comme *en fait*, comprendre et même associer les trois ordres d'action aujourd'hui très distincts : étatiste, ecclésiastique et individuelle. Et même alors, il ne faudrait plus jamais *identifier* l'Etat avec la société spirituelle, pour que la loi de la division du travail fût respectée, et pour prévenir le retour possible des périls théocratiques. Le problème n'a pour longtemps qu'un intérêt spéculatif.

J. Strong écrit dans « *The new Era* » : « A tout et à tous, aux pouvoirs exécutifs et législatifs, aux corporations, aux syndicats, aux classes, aux sociétés de tout ordre comme aux individus, l'Eglise a le droit de dire : « Vous devez ! » Seulement... il y a « la manière » ! La distinction des fonctions de l'Eglise et de l'Etat est très heureusement faite par W. Stead (*The Review of reviews*, février 1892): « l'Etat et la Municipalité diffèrent de l'Eglise en ceci que, tandis que l'Eglise dit : *Tu dois !* (You ought) la Municipalité dit : *Il faut !* (You must). »

Le Christianisme peut avoir et aura, s'il la mérite, l'influence illimitée en tout et partout, mais à la condition absolue qu'il ne revendique pas un atome d'autorité extérieure. L'Eglise chrétienne normale devrait être à la société — ce que la conscience morale est à l'individu. L'Eglise normale, l'Eglise de l'avenir, sera « la conscience de l'organisme social. » (J. Strong).

Comme la conscience, elle n'a ni *autorité extérieure*, ni *sanctions pénales*, ni police, ni armée, — ni pouvoir juridique, législatif ou politique. Et pourtant, comme la conscience, elle s'étend spirituellement à tout, elle juge tout, elle peut tout inspirer ; et dans le respect de la liberté, même de la liberté du mal, elle peut tout rénover !

Elle n'agit pas par voie autoritaire, en dogmatisant ses formules : mais par voie persuasive, en incarnant dans une personnalité unique ses lois d'amour. Elle ne punit pas : elle souffre, elle porte elle-même le deuil. Et après avoir été l'Impératif catégorique de toute une société, l'Eglise fidèle peut en devenir, comme le prophétisme d'Israël, aux heures sombres, tour à tour le remords vivant et l'espoir suprême. Avant d'être la grande consolatrice, l'Eglise comme la conscience, doit commencer par être la grande désolée.

***

CHAPITRE III

Nos raisons sociales et économiques

Nous sommes chrétiens sociaux enfin pour des raisons sociales et économiques dont nous noterons les plus essentielles.

1° Comme le socialisme, mais autrement que lui, le Christianisme social a pour cause historique et en quelque sorte politique *la proclamation des Droits de l'Homme*, par la République Américaine (qui, elle, rattachait encore l'égalité des hommes à « la volonté du Créateur ») et par la Révolution Française qui a créé l'*égale liberté* des citoyens devant l'Etat et la loi. Il y a depuis un siècle quelque chose de nouveau dans le monde, — sans doute en germe dans l'Evangile, et retrouvé et remis en valeur par nos réformateurs et nos juristes des xvie et xviie siècles, — mais enfin une puissance laïque nouvelle qui, issue du Christianisme primitif, entre en lutte avec le Christianisme traditionnel : c'est le Droit humain conçu dans son absolue indépendance, même vis-à-vis de Dieu.

En face des droits de Dieu se dressent les droits de l'homme définis d'une façon si égalitaire et atomistique qu'ils ne peuvent plus avoir comme corolaires que des obligations juridiques, légales et contraignantes, mais pas nécessairement des devoirs moraux et religieux. La conception nouvelle, depuis 1789, déroule logiquement ses conséquences indéfinies : Etat, loi, école, hôpital, tribunal, etc., se vident de Dieu. Le laïcisme, d'abord synonyme de neutralité, devient peu à peu athéisme social. Ce n'est plus seulement le denier frappé à son effigie qu'il faut rendre à César, c'est morceaux par morceaux toute la direction de la société — hommes et choses. Le suffrage universel conquis en 1848 et l'instruction généralisée par la troisième République, accroissent encore la puissance politique et démocratique du peuple, qui conquiert chaque jour des droits nouveaux (droit d'association, assurances sociales, etc.). Le chrétien protestant applaudit à toute cette conquête du Droit... mais il estime avec Montesquieu, que *la vertu*, au sens le plus politique et le plus profond est d'autant plus nécessaire. La démocratie sans vertu et sans Dieu croulera dans l'esclavage démagogique.

Le chrétien qui saisit ce tragique conflit moderne entre le droit humain et le droit de Dieu, et qui cherche à le résoudre à la lumière de l'Evangile est un chrétien social.

*
* *

2° La seconde cause historique du Christianisme social, comme du socialisme, c'est *le spectacle de l'évolution économique contemporaine*, surtout dans les milieux de grande industrie, c'est-à-dire *l'avènement du capitalisme*, grâce aux progrès du machinisme, des facilités d'échange et de transport, grâce à la division croissante du travail dans le commerce et l'industrie, etc.

Nous sommes loin de conclure, comme le font à tort les purs marxistes, à une évolution fatale, continue, vers la concentration des fortunes et des moyens de production. Il faut tenir compte des arrêts, des régressions momentanées, des organisations de défense de la petite industrie et de la petite propriété. Toutefois, il est juste de distinguer dans l'évolution économique trois aspects (tantôt successifs et tantôt coexistants et pour ainsi dire superposés les uns aux autres tant sont complexes les phénomènes sociaux) ou trois régimes de la production :

1° *Le régime patronal ou patriarcal* d'abord, où le travail est rudimentaire, organisé à domicile, en corps de métiers ; le capital et le travail ne sont point séparés ; la philanthropie aumônière et la bonne vieille morale individualiste peuvent alors suffire ; la religion, tant que cette phase subsiste, prêche aux riches leurs devoirs et aux pauvres la résignation, l'acceptation de leur état de vie. Nos chrétiens et nos églises bourgeoises ont encore presque tous cette « mentalité d'ancien régime », patronale, pour laquelle le *profit* tiré du travail d'autrui est légitime, et impose seulement des devoirs de justice et de patronage, pour laquelle la grève est toujours abominable, les agitateurs du peuple toujours coupables, et pour laquelle enfin la dépendance du prolétariat est voulue de Dieu, nécessaire et éternelle. Que les ouvriers soient sages, tempérants et économes (car on suppose difficilement que la masse ne peut pas économiser !) et la philanthropie aidant, tout ira aussi bien que possible (1). Dans les milieux ouvriers, on ne peut se figurer l'irritation que produit une telle mentalité bourgeoise.

2° *Le régime capitaliste* ensuite, qui tend à concentrer, au moins dans les pays de grande industrie, les moyens de production, qui sépare le travail et le capital, qui tient sous sa dépendance une bonne partie de la petite indus-

---

(1) Soit dit en passant, c'est un préjugé des classes aisées, cela, depuis longtemps réfuté par Henry George et par bien des économistes. On pense que la misère et la souffrance générales viennent ou de la *paresse*, ou de l'*alcoolisme*, ou de la *prodigalité*, ou de l'*inintelligence individuelle*, ce qui dégage la responsabilité des riches et met commodément notre conscience d'employeurs à l'aise. Mais on ne remarque pas d'abord qu'une meilleure éducation et que de meilleures habitudes de travail et de moralité sont dans l'état social actuel, des effets à obtenir et non des causes dont il est toujours loisible à l'ouvrier de partir. La bonne éducation dépend en grande partie pour les masses d'une amélioration préalable des conditions matérielles de la vie. Ce n'est que dans des cas exceptionnels, et la plupart du temps grâce à des interventions protectrices ou éducatrices, par conséquent constituant déjà un nouveau milieu social, que des sauvetages s'opèrent et que dans les classes ouvrières beaucoup se relèvent.

Tous ceux qui ont vu le peuple de près comprennent cela ; les autres n'y entendent rien. Dans les pires conditions, au-dessous d'un certain niveau de vie, l'homme du peuple ne peut ni penser à l'avenir, ni économiser, ni lire, ni avoir le sens de sa dignité d'homme. Or, il y a en Angleterre, en France, dans les États-Unis, des millions d'êtres qui ne vivent pas d'une vie humaine.

trie et du petit commerce, et qui donne à l'argent un pouvoir tout nouveau. Le profit est tout. L'or est roi.

Le régime de la propriété capitaliste n'entraîne pas nécessairement — quoiqu'en ait prétendu Karl Marx — la ruine de la petite propriété, rurale ou industrielle ou commerciale ; et la statistique le démontre absolument *pour ce qui est de l'heure présente.* (1) La loi de concen-

(1) Pourtant, les progrès de la concentration capitaliste avaient d'abord été formidables lors de l'avènement du machinisme. Voir VANDERVELDE : *Le Collectivisme et l'évolution industrielle* (première partie : « La concentration capitaliste »), le débat de BERNSTEIN (« Socialisme théorique et Social démocratie pratique », 1900) et de KARL KAUTSKY (« Le Marxisme et son critique Bernstein », 1900) a porté un coup décisif au dogmatisme marxiste. Le célèbre chapitre du *Capital* de Marx sur « la tendance historique de l'accumulation capitaliste,» n'est plus, même pour les purs, tels que Kautsky, qu'un aperçu « en raccourci » de l'évolution, que « la description lapidaire d'une évolution qui met des siècles à s'accomplir. » (KAUTSKY, op. cit., page 100.)

M. Gide montre dans son *Économie sociale* (1907, 3ᵉ édition) et dans ses *Principes d'Économie politique* (11ᵉ édition 1908, pages 176 et 177) que le petit commerce, la petite industrie, et même la petite culture, au moins en France, se défendent très bien et progressent. M. Bourguin, de même (« Les Systèmes socialistes », ch. xi et xii). La concentration industrielle semble donc loin de préparer l'expropriation capitaliste.

Au Congrès de Paris, nous avions cité, d'après le livre de PIERRE BRISSON : « Histoire du travail et des travailleurs » (1906, p. 385 et suivantes) des chiffres semblant prouver que la concentration capitaliste avait été prodigieuse de 1866 à 1896.

Dans l'industrie : De 1.450.223 établissements industriels en 1866, nous n'en relevons en 1896 que 784.240.

Dans le commerce : « Les magasins d'habillement sont tombés de 83.346 en 1866, à 31.003 en 1896 ». Et l'auteur accuse les Grands Magasins d'absorber tout.

Dans les fortunes, même concentration d'après M. Alfred Neymark. Il y a 18.710 millionnaires possédant plus du tiers de la fortune nationale, évaluée à 250 milliards ; et 28 millions de français ne possèdent rien ou peu de chose.

Aussi ces chiffres et ces conclusions ne coïncident pas avec ceux de M. Ch. Gide, puisés à des sources officielles (« Résultats statistiques du Recensement de 1901 ») et beaucoup plus sérieusement discutées et contrôlées. Toutefois, nous ne nous expliquons pas ces différences. « Les statistiques ne fournissent à cet égard (sur la concentration des entreprises), dit M. Gide, dans tous les pays que des renseignements si confus que chacun les fait valoir à l'appui de sa thèse. » (Pr. d'Éc. Pol., p. 176, note 3)

Notons pourtant cette conclusion importante. « Partout on constate à la fois ces deux faits : d'une part, développement incontestable, quoique plus ou moins rapide, de la grande indus-

tration est une hypothèse que les faits ne confirment pas. En outre, tous doivent reconnaître que le capitalisme a constitué un régime socialisé de travail, avec des moyens perfectionnés très supérieurs à tout ce qu'on a connu jusqu'ici, qu'il a augmenté la production, facilité l'échange, accru parfois les salaires et le bien-être général…. Mais il tend logiquement et souvent en fait à centraliser les fortunes entre les mains d'un petit nombre d'individus ou de collectivités anonymes. Le capitalisme semble donc bien, plus ou moins, lentement travailler à la *dépersonnalisation* progressive de la propriété, ce qui reste l'un des grands arguments et le secret espoir du socialisme. Cet espoir de la socialisation des grands moyens de production et d'échange, et de toutes les industries au fur et à mesure de leur maturation, — n'est encore qu'une généralisation peut-être hâtive des phénomènes de concentration étatiste qui se passent sous nos yeux (l'Etat ou les municipalités n'ont-ils pas déjà socialisé monnaies, canaux, routes, postes, tabac, allumettes. bien des chemins de fer, des forces motrices, le gaz. l'électricité, etc., etc. ?) Gardons-nous de toute prédiction…. comme de tout aveuglement.

Les conséquences du régime économique actuel que domine le capitalisme, ont été assez étudiées pour que je n'insiste pas. Il en est une pourtant que je soulignerai : c'est que « la misère se manufacture par masses » (de Molinari), et cela dans les pays les plus riches. Ce phénomène curieux, étudié par K. Marx dans l'Angleterre de 1848, par Henry George, dans l'Amérique d'il y a un quart de

trie ; d'autre part, importance toujours considérable de la petite industrie. » (« Econ. sociale », p. 435)

Mais si la petite industrie tend, comme l'avoue M. Gide : (« Economie sociale », p. 437 et 438) à dégénérer en salariat à domicile et en fabrique collective (selon le terme de Le Play), et s'enfonce dans le triste et odieux régime du sweating system, je ne vois pas l'intérêt social qu'il y a à la défendre et à la perpétuer! En outre, dans le petit commerce, il y a les débitants d'alcool qui ne nous intéressent pas particulièrement.

siècle, — se trouve confirmé dans tous nos pays civilisés. « L'association de la pauvreté avec le progrès est la grande énigme de notre temps ». (1) Même si la théorie marxiste de la valeur ou celle de George sur la rente sont à reviser et manquent de profondeur psychologique, il faut avouer pourtant qu'elles ont avec une riche documentation et une méthode rigoureuse encore qu'incomplète, dénoncé l'iniquité fondamentale de notre régime actuel et de ses conséquences. (2)

La question sociale, telle qu'elle se pose en régime capitaliste, n'est plus seulement ni essentiellement une question de pitié, mais avant tout de justice. L'indigence, la misère noire des anciens régimes, les salaires innommables du xviiiᵉ siècle, la vie abjecte des bas-fonds urbains où l'on grouille mais où l'on ne révolutionne jamais rien, tout cela ne pose que des questions d'assistance et d'ordre public. Paupérisme n'est pas indigence. Ce ne sont pas les deux millions et demi de clients de l'Assistance publique en France (3) qui feront une Révolution sociale. Tous ces assistés sont au contraire plutôt, par leur faiblesse même, des forces de conservation sociale.

La question sociale coïncide avec le progrès de la richesse, avec l'amélioration générale des conditions de la vie, avec l'augmentation réelle des salaires (qui a été des *deux tiers*, d'après M. Ch. Gide, au cours du siècle dernier). Et c'est même là où le prolétariat est le plus avancé, où il a des salaires un peu plus élevés, que le mécontentement du peuple se révèle sous sa forme collectiviste et révolutionnaire : ce qui prouve que la question économique est, avant tout, psychologique.

Pour pouvoir se révolter, le peuple ne doit pas être trop

(1) Henry George, « Progrès et Pauvreté », p. 8. Cf. p. 268 et suivantes (traduct. franç.).

(2) Id., p. 272 et suivantes.

(3) En 1901 : 141.000 enfants, 243.000 vieillards, 564.000 malades, 1.385.000 assistés à domicile.

écrasé, trop au fond de l'abîme. Il faut, au contraire, qu'il soit en train de remonter et de reprendre conscience de sa dignité humaine.

C'est ce qui explique que le socialisme n'apparaît que dans les pays à civilisation relativement avancée. A fortiori, le Christianisme social !

La question sociale n'est pas dans la misère — qui a toujours existé — mais dans l'antagonisme entre le capital et le travail ; dans le conflit entre l'idéal de justice et le régime économique actuel. Elle est toute, psychologiquement, dans la douleur sacrée des consciences en face de ce conflit grandissant. Dès qu'un chrétien a le malheur de comparer sa vision du Christ et du Royaume de Dieu avec la vue du prolétaire et du régime capitaliste, et la sociologie du sermon sur la montagne avec celle de la concurrence, il cesse d'être un chrétien tout court.

Il veut que l'homme, non la chose, prenne la première place et que l'économie politique s'humanise !

*
* *

3° *Le problème des dirigeants : autre motif d'être chrétien social.* — Les deux raisons que je viens d'exposer nous mèneraient logiquement et exclusivement au socialisme. Mais l'amour chrétien qui ouvre toujours de nouveaux horizons à la justice en marche, fait obstacle (comme l'a remarqué E. de Laveleye) au plein épanouissement du socialisme. Le prochain qu'il faut aimer, selon la loi du Christ, c'est aussi le riche, le capitaliste ! En étudiant de près les dirigeants (intellectuels, employeurs, etc.) on pressent, on devine *une troisième raison d'être chrétien social qui mérite un examen attentif* ; on s'aperçoit, en effet, que ces dirigeants ne sont pas tous des monstres ni des exploiteurs, que ce sont des hommes comme les autres, avec un cœur qui souffre parfois, avec une conscience et même avec une intelligence qui n'est pas sans portée... Il y a même des chrétiens, ô complication !

parmi ces dirigeants. On admire parfois leur esprit d'initiative et leurs hautes fonctions sociales, dans le régime actuel... On aime à les rencontrer, à leur serrer la main et, à l'occasion, à dîner avec eux ! Alors surgit l'autre face, — systématiquement ignorée par les socialistes exclusifs, — de la question sociale. Après avoir jugé la société du point de vue tragique et vrai de ceux qui ont faim, il paraît alors équitable de la juger aussi du point de vue plus complexe et moins sympathique... des autres ! On constate que tout n'est pas rose dans le métier de capitaliste, que les riches ne sont ni aussi égoïstes, ni aussi heureux qu'on le prétend contradictoirement, et qu'ils ne font pas mieux souvent parce qu'ils ne savent pas mieux faire !

S'il y a une question sociale du prolétariat (la première certes en importance), il y a aussi une question sociale pour chacune des autres classes sociales (bourgeoisie, intellectuels, classe moyenne, etc.). Sans doute, comme Jésus, il faut, avant tout, aller aux pauvres, mais pas exclusivement, encore comme Jésus. Pour évangéliser les pauvres, peut-être est-il nécessaire d'agir sur « les richesses injustes » pour s'en faire des amis, et il n'est pas mauvais, toujours comme Jésus, d'être accompagné de saintes femmes riches.

On constate pourtant, et sauf exceptions bien entendu, en observant les classes privilégiées, — qu'on me permette de dire le mal comme le bien — d'abord, une ignorance radicale et plus ou moins involontairement cruelle, en tout ce qui touche à la vraie détresse et à la situation économique du peuple : la connaissance exclusivement livresque de certains n'est qu'un aspect ou une complication de cette ignorance foncière.(1) Ensuite, on constate

(1) Aussi Naumann conseille-t-il, dans ses *Lettres aux riches*, d'aller s'instruire dans la vie réelle, dans les meetings socialistes, d'entrer en contact personnel. Il faut *communier* personnellement et directement avec le prolétariat pour comprendre à fond la vérité de ses revendications.

l'insensibilité, l'indifférence égoïste, le plus souvent naïvement égoïste, à l'égard de cette misère. Quelle collection de clichés superficiels et d'exagérations, toujours les mêmes, on pourrait faire dans certaines conversations de salon sur les ouvriers, sur le socialisme et sur les questions sociales !

J'en conclus qu'une certaine émancipation intellectuelle et morale de la bourgeoisie française, même et surtout protestante, est et doit être désormais un des articles du programme d'action du Christianisme social.

Le droit à la critique de l'ordre social n'est pas toujours admis chez la plupart des riches, qui ont oublié que leurs pères ont fait la Révolution de 1789 et de 1848. Bien des conservateurs ne voient à priori que « maladies », « caricatures », « absurdités », dans tous les mouvements ouvriers.

L'esprit de classe n'est-il pas aussi entretenu, développé parfois d'une façon déplorable, même chez d'excellents chrétiens ? Nous aurions à ce sujet bien des faits à raconter...

Le riche se sent, comme malgré lui, d'un autre monde, séparé par l'argent, les nobles manières, les façons de parler, de penser, de sentir et même... de prier et de s'édifier : car il y a une *adoration de classe*, comme il y a une *lutte de classe*, et il existe notoirement des églises de riches et des églises de petites gens !... Pourquoi toutes ces différences et ces barrières ? Le peuple le demande ; et le Père céleste aussi, au dernier jour, le demandera !

Nous reconnaissons que le devoir d'amour est devenu très difficile pour les riches, et c'est l'honneur de ces derniers d'en souffrir parfois ! Mais la difficulté vient de ce que les deux mentalités ne se comprennent plus (1), de ce

(1) Robertson parle d'un péché commis *par manque de réflexion*. « Celui des hommes qui traversent la vie sans se douter que tout, autour d'eux, est désolation ». (*Sermons sociaux*, p. 152) Un autre péché vient d'un *manque de cœur* ; « c'est le péché de

que l'on ne se pénètre plus ! Nous avons le sentiment douloureux que les riches, les intellectuels et même parfois les patrons, ne connaissent presque rien de la vraie valeur de l'ouvrier, ni sa fierté, ni son endurance, ni l'énergie morale avec laquelle il lutte pour vivre et faire bonne figure à sa destinée. Réciproquement, les ouvriers ignorent trop toute la valeur technique et morale des employeurs et des intellectuels. Qu'il serait utile et bon que des chrétiens fortunés s'entendissent pour en finir avec tous ces malentendus, pour préciser les idées sociales, rapprocher les hommes et agir vigoureusement ! Il serait digne d'eux de rompre avec ceux qui ignorent ou qui discréditent, par leur opposition systématique à toute réforme, toutes les solutions pacifiques et justes et jusqu'à la liberté !

Il serait beau de les voir travailler, par des sacrifices de toute nature, qui seraient leur gloire et leur bonheur, au bien général.

Mais, cela dit, nous devons constater les faits suivants qui sont pleins d'encouragements pour l'avenir. Il y a, dans nos églises et dans notre société, des riches, des intellectuels, des hommes de la classe moyenne, qui possèdent une éducation intellectuelle, morale et sociale tout-à-fait supérieure ; des traditions de famille d'un prix inestimable, vrais trésors accumulés par des générations et que conserve jalousement et fièrement, avec raison, une élite encore trop rare; un sens très sûr et très exercé de ce qu'est la culture véritable, scientifique et sociale, laquelle vaut, par la méthode, infiniment plus que par les résultats; hélas ! cela, le peuple l'ignore beaucoup trop souvent, et c'est ce qui le rend si brutal parfois, si dogmatique dans

ceux auxquels toutes les misères sont connues et qui, néanmoins, continuent à faire bonne chère, à déployer un grand luxe de vêtements, à se divertir et à distribuer de petites sommes, aussi petites que possible et presque à contre-cœur, à des œuvres de bienfaisance. »

ses jugements et dans ses mouvements de masse. En somme, ce sont les classes riches ou aisées qui détiennent actuellement le meilleur du patrimoine intellectuel et même religieux de l'humanité. C'est un honneur bien grand que celui-là.

Noblesse oblige ! Le privilège des classes *élevées* n'impliquerait-il pas le devoir de plus en plus pressant d'être des classes *éducatrices ?* Beaucoup le comprennent. Un malaise social, nous le savons, travaille une admirable élite religieuse. La haute bourgeoisie protestante de Paris ne se permettrait plus, me disait-on dernièrement, de ne pas s'occuper directement et personnellement de deux ou trois questions et de plusieurs œuvres philantropiques ou sociales.

Quand on a constaté — comme j'ai pu le faire à Roubaix et déjà à Paris, — tout le bien que quelques privilégiés peuvent faire quand ils se consacrent personnellement au peuple, on ne peut pas douter un instant de cette vérité, *que quand le protestantisme français le voudra, si réduit que soit son nombre, il fera de très grandes choses.*

La philanthropie bien comprise, sans arrière-pensée politique, sans mainmise sur la conscience et sur la liberté des assistés et des secourus, est une des plus grandes, des plus belles choses de ce monde : une manifestation sociale, authentiquement noble, de la Charité.

Le Christianisme social ne jettera jamais sur cette aumône-là, sur cette philanthropie-là, le discrédit ou l'anathème.

Malheureusement, ce n'est encore qu'une élite qui mérite les éloges précédents : la misère spirituelle de la plupart des membres des classes intellectuelles ou bourgeoises, dépasse toute imagination et est un symptôme des plus alarmants. La question sociale se complique d'un malaise moral et d'un affaiblissement d'énergie dans les classes dirigeantes.

Et voilà pourquoi le problème du Christianisme social devient toujours plus difficile !

C'est cet abîme entre les classes, cette ignorance mutuelle, cette «incommensurabilité de l'élite et de la masse», (comme dit le professeur Rauh) qui révèle après le *conflit juridique*, après le *conflit économique*, le *conflit intellectuel et spirituel*, plus douloureux encore !

Quand le chrétien laisse parler sa conscience, laisse agir l'Esprit de Christ, il lui est impossible de prendre son parti de cette impénétrabilité des consciences humaines et de cette séparation des classes, que dis-je, de l'existence même des classes : il ne peut plus supporter sans tristesse l'idée d'être l'*homme d'une classe privilégiée ;* il interdit au capital d'inspirer sa pensée et de dicter sa conduite. Mais, d'autre part, il ne veut avoir aucune haine pour aucun frère, même ennemi. Et si son mot d'ordre est d'« évangéliser les pauvres », il sait qu'il y a des riches dont la détresse infinie appelle une pitié infinie !

CHAPITRE IV

Le Christianisme social et le problème de la propriété

Ceux qui ont bien voulu nous suivre attentivement ont compris que nous ne pouvions pas éluder le problème de la propriété, problème brûlant non seulement pour le christianisme social, mais pour le christianisme tout entier. Si le Christianisme ne résoud pas, d'une manière suffisante et conforme à ses principes d'amour et à sa méthode libérale et spirituelle, ce problème que nous chassons comme un intrus, mais qui nous hante comme un revenant, — c'est le matérialisme d'en haut et celui d'en bas qui le résoudront, et l'on peut deviner de quelle manière ; ...mais le Christianisme aura alors moralement fait faillite. (1)

(1) On m'a reproché, au Congrès, d'avoir dit cela, et même, d'avoir prétendu que le christianisme se briserait, au cas où il ne résoudrait pas le problème de la propriété. Cette dernière hypothèse

L'importance du problème n'est pas nouvelle. Mais sa gravité l'est. « Nous vous attendons là », me disait un critique très pénétrant de Genève ; « l'attitude du Christianisme social en face de la propriété le jugera ; de deux choses l'une, en effet : ou vous adoptez la solution collectiviste, et alors vous cessez d'être un mouvement original, ayant sa raison d'être ; ou bien, vous n'êtes pas socialistes, dans le sens consacré désormais qui est collectiviste, et alors que voulez-vous, que proposez-vous ? » Voilà un coup droit et il est heureux que la question soit aussi carrément posée. Toutefois, nous ferons d'abord remarquer que ce n'est pas seulement nous, mais tous les chrétiens, tous les moralistes et tous les citoyens qui sont acculés au problème économique. L'énigme du sphynx est posée à tous les habitants de Thèbes. Ensuite, nous répondrons que le Christianisme social n'a jamais prétendu résoudre *tout de suite et d'une manière originale et définitive* un pareil problème, et que même il a toujours jusqu'ici refusé de se laisser enfermer dans une doctrine économique quelconque... N'apporterions-nous, et c'est le cas aujourd'hui, qu'une immense espérance fondée sur les forces et sur les principes du Christ, que notre rôle n'en serait pas amoindri. N'est-ce rien que de croire à la victoire finale de l'Évangile dans le domaine économique, comme nous l'avons vue et saluée dans la question de l'esclavage et comme nous la pressentons dans la question de la guerre ?

En outre, nous devons déclarer hautement que si le Christianisme doit aboutir, en matière économique, à une solution dite socialiste (qu'il interprétera et éclairera d'ailleurs à sa façon), *il ne fera que reprendre son bien :*

me paraissant impossible, je reste un optimiste. Mais si, par impossible, le Christianisme n'arrivait jamais à transformer le régime économique actuel et celui de la propriété en particulier, cela signifierait tout simplement que le mammonisme est le plus fort et que le drame chrétien ne peut avoir qu'un dénouement misérable.

car enfin, les racines historiques du socialisme soit coopératif, soit collectiviste, sont authentiquement juives et chrétiennes : elles plongent dans le sol des vieux prophètes hébreux, des apôtres de la Pentecôte, et des Pères de l'Eglise. (1)

Mais entrons plus avant dans le débat, que nous ne prétendons d'ailleurs qu'introduire par les réflexions qui suivent.

Il nous paraît que pour éviter des confusions — il faut distinguer *notre attitude dans l'état actuel, en régime capitaliste ; et notre attitude en face du régime futur, ou du problème de la propriété en lui-même.*

*
* *

I. EN ATTENDANT.

LE CHRÉTIEN SOCIAL EN RÉGIME CAPITALISTE

Si nous écartons, comme moralement impossibles, les solutions violentes et révolutionnaires, nous sommes bien obligés, en attendant le régime normal du Royaume de Dieu, de vivre dans le régime anormal de la société actuelle, et pour vivre, de nous adapter. De là, les quelques considérations suivantes :

1° *Le chrétien social a besoin d'une morale de la propriété.* — Dans n'importe quelle organisation sociale, il nous semble que ce serait le plus élémentaire de nos devoirs d'avoir *une morale chrétienne de la propriété,* — la plus haute possible conformément à l'idéal et à l'enseignement de Jésus-Christ, et la mieux adaptée possible au milieu et au siècle où nous vivons. Mais qui ose exposer avec

(1) Lire, à ce point de vue, l'admirable livre de *Rauschenbuch* : « Christianity and the social crisis » ; et l'ouvrage de *W. Ward:* « Religion and labour ».

précision cette morale-là ? Et combien une telle morale, individuelle et sociale, en régime capitaliste, est difficile à être prise au sérieux et pratiquée !

Une morale chrétienne de la propriété aurait toutefois le grand mérite de rendre sensible la distance infinie qui nous sépare de la volonté de Dieu manifestée par Christ, et de nous apprendre que le mal social réclame toute notre bonne volonté individuelle, mais la déborde infiniment ! — Elle amènerait sans doute beaucoup de chrétiens qui exercent « la fonction éminente » de propriétaires et d'employeurs, à examiner le problème de l'exploitation légale, industrielle, commerciale, de leurs frères ; à humaniser leurs richesses, à moraliser leur production et leur consommation...; bref, elle projetterait sur toute 'Economie politique, non la lumière un peu blâfarde du Droit commercial ou du Code pénal, mais celle d'un rouge plus vif du Sermon sur la montagne ou de la Croix. — A chaque époque, en un sens, le Christianisme a dû tirer de l'Evangile une morale de la propriété, et il l'a implicitement ou explicitement prêchée aux fidèles. Mais dans ce domaine les églises ont plutôt subi qu'inspiré l'évolution économique, et ce n'est pas sans raisons qu'on les accuse aujourd'hui d'être les gardiennes du capital. A cet égard, un réveil des églises et de leur dignité primitive méconnue, s'impose absolument.

**

2° *Le Chrétien social évite en général, au nom de son solidarisme évangélique, un certain nombre de solutions ou superficielles, ou étroites, ou dépassées, « les impasses. »* (1) — Avant tout, il se garde de toute politique de parti ou de classe, au moins en tant que chrétien. Il

(1) RAUSCHENBUSCH. — Op. cit. cf. dernier chapitre : « What to do » ?

écarte, en matière d'organisation sociale ou économique, les formes du passé que l'expérience et que la science économique paraissent condamner comme insuffisantes, ou impossibles à appliquer aujourd'hui : par exemple, *les corporations du moyen-âge, la restauration du système foncier exposé dans le Lévitique, l'imitation servile et littérale du communisme spontané de la Pentecôte, etc.* Nous pouvons nous inspirer de tous ces grands et sublimes essais de réalisation sociale du principe religieux, mais nous ne devons pas les copier.

L'attente apocalyptique et plus ou moins catastrophique d'un millenium, ou d'une venue visible du Christ pour restaurer toutes choses et régner souverainement et matériellement, — est encore une de ces impasses où se fourvoient et s'immobilisent bien des chrétiens mystiques dont l'âme est sociale mais sans culture suffisante et sans esprit critique. — Enfin, nous devons nous défier de tout ce qui favorise l'isolement des âmes et la désertion du devoir social, soit celle des chrétiens individualistes qui ne pensent qu'au ciel, soit celle des organisateurs de *colonies communistes* ; non seulement en effet ces essais communautaires ont presque tous piteusement échoué, mais ils restent sans portée générale, sans action sur l'ensemble de la vie sociale. (1)

3. *Le chrétien social est en général interventionniste et agit autant qu'il peut sur les lois et les institutions,* — Le chrétien social sent personnellement qu'il doit poursuivre, dans la mesure de ses forces, la réforme des lois mauvaises, l'élaboration de justes lois, l'exécution des lois dormantes. Il y a, dans le domaine de la moralité publique qui touche de si près aux questions économiques, tout un champ d'action où la place du chrétien est désor-

(1) Aux États-Unis, de 1848 à 1895, sur 62 associations de ce genre, 19 ont vécu moins d'un an ; 10 de un à deux ans ; 10 de 2 à 3 ans ; 5 de 3 à 4 ans ; 1, cinq ans ; 3, six ans ; 1, huit ans ; 8, de 10 à 25 ans ; et 5, trente ans. Nos réflexions ne s'appliquent pas aux essais chrétiens de colonies coopératives, genre Paul Passy.

mais indiscutée. Des hommes tels que Pressensé, Fallot, Gaufrès, Comte — ont été, en France, parmi les rares chrétiens qui ont aperçu toute la portée du devoir social et les liens constants et étroits de la moralité et du régime économique. Ils ont surtout montré comment, par l'exemple, par la voie spirituelle et par l'influence, on peut agir sur l'opinion et sur les pouvoirs publics... Il y a dans cette action morale élémentaire, comme un apprentissage d'une action ultérieure étendue au domaine des iniquités économiques elles-mêmes.

A l'heure actuelle, les chrétiens ne peuvent avoir la naïve pensée d'influencer, d'une façon sensible, en ce qui concerne les revendications légales des travailleurs urbains et ruraux — l'évolution économique... Mais ils ont le devoir et le pouvoir de traduire leur foi et leur amour pour leurs frères en adhésions franches et nettes aux lois protectrices et réformatrices, dites de solidarité sociale, (1) soit qu'elles défendent les faibles (femmes, enfants, malades) contre l'exploitation des forts, soit qu'elles assainissent les fabriques et les usines, soit qu'elles consacrent progressivement *le droit à l'existence* de tous ceux qui n'ont pas démérité, notamment en réglant et en universalisant les grandes *assurances sociales* contre la maladie, les accidents, les risques professionnels, la vieillesse...

(1) Le droit ouvrier est une conquête récente, douloureuse, et son histoire une leçon d'énergie qu'on enseignera à nos descendants.

L'influence des chrétiens a été pour quelque chose dans cette conquête, surtout dans les pays protestants : mais la pression révolutionnaire a été partout plus décisive que celle de l'amour chrétien.

« L'ouvrier a été presque complètement oublié dans notre Code Civil. » (J. Cruet. « La vie du droit », p. 143). La loi, jusque vers 1848, a été systématiquement partiale pour le patron contre les ouvriers. « La législation doit toujours être en faveur du propriétaire », disait Napoléon dans la discussion de la loi sur les mines, au Conseil d'Etat. Le droit de grève et le droit de syndicat ont commencé par être des délits (avant les lois de 1864 et de 1884). Le droit ouvrier est une législation de classe (comme le Code de 1804, qui est le Code de la classe bourgeoise : Cf. J. Cruet, « La vie du droit », p. 208).

Bien plus, ils accueilleront avec empressement les remèdes, même provisoires, même partiels, qu'on proposera contre le chômage, cette plaie inguérissable et grandissante du régime économique actuel.

C'est surtout en étudiant ce problème que l'on comprend la nécessité d'une rénovation du régime de la propriété, permettant à la production d'être à la fois plus complexe, plus variée et mieux réglée, et répartissant le travail d'une manière plus régulière, plus accessible à tous et en quelque sorte « plus fluide », comme dit M. Gide.

En attendant le rêve — peut-être éloigné — d'aucuns disent utopique, *de l'abolition du salariat* (1) (ou, ce qui revient à peu près au même, de son *universalisation* en régime coopératif ou socialiste) pourquoi refuserions-nous de lutter pour les *contrats collectifs* (ou « conventions collectives ») en vue d'assurer pacifiquement *le salaire minimum* (le living-wage), le salaire normal, digne, « correspondant à l'étalon de vie habituelle » (Bourguin), et permettant d'échapper aux dépendances déprimantes de l'aumône ? « Lorsque la grande masse des hommes,

---

(1) *Le Salariat.* Pour le moment, les ouvriers socialistes demandent *le salaire minimum*, fixé légalement par profession et par spécialité. (Cf. G. Renard, « Le Socialisme à l'œuvre », p. 59). La question de savoir si le salariat sera supprimé ou simplement transformé dépend de la définition qu'on donne de ce mot. M. Bourguin (« Systèmes Socialistes, p. 366 et s.) et M. Gide, ne croient guère à sa disparition et estiment que le socialisme d'État le généraliserait au contraire ? C'est possible, mais nous y voyons des avantages. Un *salariat universalisé* n'aurait presque plus rien de commun avec le salariat actuel et ne tomberait plus sous les mêmes critiques. Nous devons en effet noter que *le salariat actuel* a les défauts suivants : 1° Il est encore insuffisant en moyenne pour assurer une vie *humaine* digne ; 2° Il n'est pas assuré et offre à l'ouvrier une position instable et aléatoire (chômages forcés, etc.) ; 3° Il met les ouvriers salariés, trop complètement, sous la dépendance des employeurs (mœurs modernes de l'embauchage, renvois sans appel, etc.) ; 4° *Il crée enfin le 4° État, le prolétariat* et sert de critère général en quelque sorte pour l'organisation d'un parti de classe et d'une lutte de classes. Tous ces inconvénients seraient ou supprimés ou aussi atténués que possible dans le régime coopératif ou dans le régime socialiste. Dépendre d'une immense collectivité n'a pas les mêmes dangers que dépendre d'un individu.

disait Laveleye, est exclue de la propriété, l'injustice règne. »

Le droit au salut, entendu dans toute son étendue, proclamé par Fallot et par tout le christianisme social, s'il n'est pas violé *politiquement* depuis 1789, l'est *économiquement* trop souvent, et avec une inconscience parfaite, dans la grande industrie contemporaine. Jésus disait : « Que donnerait l'homme en échange de son âme ? » — Il est inadmissible qu'une industrie quelconque, cléricale ou autre, puisse faire entendre à l'ouvrier ce commentaire-ci, qui est encore trop fréquent : « Je te donne un salaire et du travail en échange de ta liberté de pensée, de ta foi, de ton âme ! »

Puisque la santé, la vie, la pensée, la conscience, la famille, le dimanche, la foi personnelle ou l'incrédulité personnelle, l'honneur de l'ouvrier et de l'ouvrière (tous ces corollaires du droit au salut) ne sont pas et ne peuvent pas être protégés, en un régime de liberté, par la simple morale individualiste et par la seule volonté des dirigeants, il faut bien de toute nécessité que l'Etat intervienne et garantisse tous les droits par des lois et par des institutions ! L'interventionnisme, la reconnaissance du droit de l'Etat pourrait, si c'était nécessaire, s'appuyer sur un texte décisif de Jésus : *Rendez à César ce qui est à César* (Mat. XXII, 21). La part de César est reconnue légitime. Cet hommage à l'Etat, à propos de l'impôt à payer, contredit le doux anarchisme de Tolstoï comme le violent anarchisme de certaines tendances syndicalistes, et il est formel, encore qu'infiniment subordonné à l'hommage rendu à Dieu ! « Dans l'état actuel des choses et des esprits, dirons-nous avec Jaurès, il y aurait crime à ne pas suppléer, par la force bienfaisante des lois, à l'infirmité de la conscience sociale. »

Ajoutons que dans notre conception du devoir social des chrétiens, nous faisons rentrer cette revendication que nul encore n'a su, n'a osé, n'a pu proposer sous une forme juridique à un Parlement français : *la laïcisation absolue du travail salarié, afin que l'âme de tous les travailleurs soit libre !*

Quelle puissance proclamera et assurera *l'indépendance des consciences humaines vis-à-vis du pouvoir de l'or*, vis-à-vis du prestige, de la pression matérielle et morale, et de l'autorité extérieure *de la très grande propriété privée ?*

II. EN MARCHE VERS L'AVENIR !

§ 1. *Le droit de propriété individuelle.* — Il est difficile, pour ne pas dire plus, de justifier ce droit quand on le définit avec l'article 544 du Code Civil : *le droit de jouir et de disposer des choses de la manière la plus absolue.* Aussi les jurisconsultes prudents se bornent-ils aujourd'hui à l'appeler *le droit qu'une personne peut exercer sur une chose à l'exclusion de toute autre personne.*

Ainsi défini, il est possible de le reconnaître, encore qu'on puisse discuter sa légitimité et ses limites quant à son objet et quant à ses attributs. (1)

Les principes concernant le droit de propriété individuelle, admis à peu près par tous les chrétiens sociaux, peuvent se ramener aux suivants : 1° *La propriété absolue est non à l'homme, mais à Dieu ; non à l'individu, mais à la société.* La relativité du droit de propriété est une thèse fondamentale du Judaïsme et du Christianisme. « La terre est à moi », dit l'Eternel (Exode, 19, v. 5).

L'appropriation personnelle indéfinie, absolue, est contraire non-seulement à la législation dite mosaïque (2) et

---

(1) Cf. *Principes d'Econ. pol.* de M. Gide, 11° édition, pages 403 et suivantes.

Pour l'évolution du droit de propriété, lire *Laveleye* : « La propriété et ses formes primitives ».

(2) Cf. Paul MINAULT. Article sur *La propriété foncière dans le droit mosaïque*, dans la « Revue du Christianisme pratique. »

à toutes les notions de justice du prophétisme, mais aux principes de l'Evangile très nettement hostiles à l'accumulation indéfinie des richesses, et qui envisagent les biens au point de vue religieux comme *un obstacle au salut*, et au point de vue social comme une *fonction difficile*, pleine de responsabilités et de périls (1). Le sermon sur la montagne est très admiré, mais très peu pris au sérieux : il est toujours sous-entendu que sa réalisation est pour l'autre monde. C'est au ciel ou dans le millenium qu'il faudra laisser l'habit à l'ange qui nous volera une tunique ! — La chaire chrétienne, et c'est un bien triste signe des temps, ne se permet plus les hardiesses sociales contre les abus de la propriété et contre les richesses. — Les Pères de l'Eglise renieraient leurs enfants du xxᵉ siè-

(1) L'attitude générale de Jésus à l'égard de la richesse ressort assez clairement des textes. Ce que Jésus voit surtout dans la richesse, c'est : 1ᵉ *L'obstacle au Royaume* : « Qu'il est difficile à un riche d'entrer dans le Royaume de Dieu. (Mat. 19, 23 ; Marc, x, 25, etc.)
2ᵉ *L'antithèse du Royaume* : Ce sont les richesses surtout qui étouffent la bonne semence. (Mat. xiii, 22) Elles sont « le Mammon de l'iniquité. » « Vous ne pouvez servir Dieu et Mammon ». (Luc xvi, 13). A ce point de vue, on ne doit pas *accumuler*, capitaliser : « Ne vous amassez pas des trésors sur la terre » etc. (Mat. vi, 19). Le pain quotidien suffit (Luc, xi, 4). Pour le reste, il faut bannir tout souci. (Mat. vi, 25, etc.) « Malheur à vous, riches ! » (Luc, vi, 24 et suiv.) Jésus a appelé *voleurs* les marchands du temple. (Mat. xxi, 12-13, etc.) — La même note *révolutionnaire* (Minault) se trouve dans l'épître de Jacques, le frère de Jésus, épître dont Reuss a dit : « qu'elle contient à elle seule plus de réminiscences des discours de Jésus que tous les autres écrits du N. T. (Jacques, v, 1-6). — Les paraboles du juge inique (Luc, xviii, 1-5) du mauvais riche et Lazare (Luc, xvi, 19-26) de la pite de la veuve (Luc, xxi, 1) sont des histoires socialistes !
3ᵉ Dans de certaines limites, on peut enfin soutenir que la richesse peut être, pour Jésus et ses apôtres, UNE FONCTION SOCIALE non seulement légitime, mais féconde, — une sorte de *service de Dieu dans la personne de nos frères*. Mais alors, c'est à peu près exclusivement quand elle est *prêtée* « sans espoir », *donnée aux pauvres* (Luc, xii, 33) *sacrifiée soit spirituellement, soit matériellement* (Luc, xiv, 33 ; Mat. xix, 21 : appel au jeune homme riche) etc. Jésus au reste n'a pas eu une attitude systématique, dogmatique, et universelle à l'égard des biens d'ici-bas : il a admis que des femmes riches l'assistassent. Il n'a pas réclamé de tous la vente de leurs biens. Il a rendu un bel hommage au centurion de Capernaüm (Mat. viii, 5 ; Luc, vii, 1-10). — Lire la belle étude de P. Minault : Jésus et la richesse (*Rev. du Christ. Prat.*, 15 Nov. 1890).

cle. Dans les riches églises, nul n'ose plus prêcher quelque chose d'analogue au sermon de Bourdaloue sur l'aumône devant le grand roi !

§ 2. *Les limitations du droit de propriété individuelle* (1) *sont au plus haut point une question morale et religieuse, pour nous, avant d'être une question juridique, économique ou politique.*

Les catholiques sociaux ont beaucoup insisté sur les limitations morales (2), surtout dans leurs commentaires de l'Encyclique *Rerum novarum*, en mettant d'ailleurs hors de question le principe de propriété privée, qui est, dit Léon XIII, « de droit naturel ». Ce droit pour eux comme pour nous, a des bornes et des charges ; il est subordonné au droit à la vie ; dans les cas extrêmes, les théologiens et les juristes doivent admettre le droit au vol, pour l'affamé par exemple. — En outre, les catholiques sociaux voudraient favoriser l'*accession de tous à la propriété privée* (c'est aussi la thèse des jaunes, la thèse dite *propriétiste*). — L'abbé Lemire, le noble défenseur du « bien de famille » et de la petite propriété rurale, le propagateur le plus en vue de « l'Œuvre des Jardins ouvriers » (3), a résumé ainsi son programme terrianiste : « Ce que je veux... c'est que, pour tout ouvrier, la maison de famille et le jardinet qu'il a acquis par son travail soient insaisissables, exempts d'impôts et de frais de succession ». Toutes ces idées sont généreuses,

---

(1) Pour éviter tout malentendu, il s'agit de *limiter le droit à l'appropriation privée*, non certes de limiter la richesse ou le capital général : nous souhaitons tous au contraire un accroissement de la production.

(2) Cf. MAX TURMANN : « Le développement du catholicisme social » (1900) — p. 132.

Cf. MOUSTIER : « Questions rurales », p 292, etc.

(3) *L'Œuvre des jardins ouvriers* est surtout une forme d'Assistance par le travail ; elle consiste en une location gratuite de terre à certaines conditions. C'est Mme Hervieu, de Sedan, qui l'a fondée en 1891.

Lire *Louis Rivière* : « Les jardins ouvriers en France et à l'étranger » (1899).

intéressantes et d'inspiration chrétienne, mais ne modifient pas le régime économique actuel. Ces solutions ne vont pas aux fond des choses.

Il nous semble qu'il faut aller plus loin, dès qu'on pose *le droit de tous à la vie et à la dignité d'homme*, à cette dignité que le Christianisme a portée à son maximum, en l'appelant *salut, sainteté, vie éternelle !*

Le droit à la vie domine absolument le droit à la propriété (« La vie n'est-elle pas plus que la nourriture ? » Mat. vi, 25). — Il le consacre, mais en même temps, il le limite. A l'heure actuelle, personne ne conteste la propriété individuelle des biens de consommation ou de jouissance directe : les socialistes sont même plus larges que les économistes libéraux sur cette propriété privée et sur cette jouissance (1) et admettent parfaitement dans ce domaine l'inégalité des richesses.

Le débat ne porte donc en fait, aujourd'hui, que sur la propriété des moyens de production, et non pas même sur tous, car les socialistes les plus marxistes accordent que la petite propriété foncière, l'atelier familial, l'outil personnel, etc., sont des formes légitimes, peut-être destinées à disparaître devant des entreprises plus productives, mais enfin respectables et même intangibles. — Ce qui est discuté, au nom de la justice, par un nombre croissant de consciences, *c'est l'appropriation privée des grands moyens de production et d'échange* (grandes industries, mines, chemins de fer, le sol lui-même) *en vue du profit.*

(1) Cf. M. Gide. « Principes d'Ec. pol. », p. 416. — Au Congrès, M. Gide a souligné avec éloquence la distinction entre les deux avantages que procurent la richesse : la *jouissance* et la *puissance* ; et il nous a demandé laquelle des deux nous voulions *limiter ?* N'ayant insisté dans ce rapport que sur *la fonction puissance,* comme les socialistes, nous comprenons toute la portée de sa question. Et nous croyons que nous aurons à l'avenir (à la suite des coopératistes et des Ligues sociales d'acheteurs, etc.) à étudier aussi le problème de la moralisation et de la discipline du consommateur, en tant que tel.

Et voici le problème, tel qu'il se pose à nous ; les grands moyens de production, source générale, (unique même, si l'on pense à la terre) de toutes les subsistances, par conséquent de la vie, de la dignité, de la liberté de tous sans exception, peuvent-ils être accaparés par quelques-uns ? Est-ce juste ? Est-ce chrétien ?

Sur quel principe pourrait bien se fonder ce droit de quelques-uns ?

Sur le droit du premier occupant ? Nul ne le soutient plus. « Il est inique, dit St. Mill, qu'un homme vienne au monde pour trouver tous les dons de la nature accaparés à l'avance sans qu'il reste de place pour le nouveau venu. »

Sur le droit au produit du travail ? Certes, ce droit est sacré. Mais, et c'est ici que les socialistes triomphent, la terre, les mines, les forces naturelles, l'eau, etc., n'étant pas — au moins au début et directement — des produits du travail, ne sauraient être appropriés par quelques-uns à l'exclusion des autres. Et s'ils le sont, que les accapareurs légitiment leur possession exclusivement par le travail manuel ou intellectuel qu'ils ont fourni.

Quant aux *droits naturels* qui, pour certains économistes, consacraient de toute éternité et pour ainsi dire mystiquement la propriété privée, ils ont été battus en brèche par toute l'école historique qui a pu reconstituer l'évolution complexe du droit de propriété et toutes ses étapes essentielles. (1)

La propriété privée — (principalement celle des biens qui, par leur nature, sont sociaux et producteurs ou multiplicateurs d'autres biens) n'est plus défendue qu'à un point de vue *relatif*, opportuniste. Renouvier appelait la propriété « une méthode historique de progrès social dont l'efficacité est prouvée par l'expérience » ; et, tout récemment, on l'a définie, spirituellement, « une hypothèse sur le progrès économique » (2). Voilà ce qu'est devenu, de-

(1) LAVELEYE (*De la Propriété*), Ad. Wagner, etc.
(2) CRUET, *La Vie du Droit*, p. 193.

vant la conscience moderne, le fameux dogme du droit de propriété proclamé par la Révolution française : *une hypothèse,* et une hypothèse qui est vite ruinée (ne l'est-elle pas déjà dans bien des esprits ?) dès que l'expérience montre dans la propriété sociale une méthode supérieure, ou seulement plus pacifiante, de production industrielle, commerciale ou agricole !

Les socialistes n'ont pas de peine à pousser la critique, soit au point de vue juridique, en montrant combien le concept de propriété s'est modifié et évolue encore dans le sens d'une extraordinaire complexité (1), précisément en vertu de cette force nouvelle qui s'affirme en face de tous les rapports sociaux, et qui s'appelle *le droit de l'indidu.* C'est au nom de l'individualisme, d'un individualisme supérieur, que Jaurès, Fournière, G. Renard, Milhaud, Vandervelde, etc. réclament *tout le droit de l'homme* et *le droit de tout homme* à la propriété de production — source essentielle de vie... C'est cet individualisme qui devient de plus en plus la base du socialisme. « La fin suprême du socialisme, dit G. Renard, c'est l'affranchissement de l'individu. » (2)

Au régime capitaliste de la production — auquel il faut rendre hommage à beaucoup d'égards, car il a eu le mérite de vivre et de faire vivre l'humanité tant bien que mal, et il a créé une civilisation qui, si elle est de moins en moins

(1) Lire JAURÈS. *Etudes socialistes,* p. 158 et s. — L'auteur étudie par le menu toutes les limitations et restrictions de fait imposées à la propriété individuelle : 1° *par le Code actuel ;* 2° *par l'impôt* (plus de 4 milliards sont prélevés sur le capital de la France évalué à 200 ou 220 milliards par an et sur un revenu global de 20 à 25 milliards). L'impôt prélève par an un sixième ou un cinquième du revenu total des citoyens. (p. 177) — 3° *par le droit successoral,* « grave et profonde atteinte au droit individuel » ; — 4° *par les lois d'expropriation,* « pour cause d'utilité publique » ; 5° *par les Sociétés de commerce ;* 6° *par les Sociétés anonymes.* — Que devient la prétentieuse définition de l'art. 544 du Code civil ? — Cf. aussi HENRI SÉE — sur « *L'Histoire des classes rurales et du régime domanial en France et au moyen-âge.* » —

(2) Cf. RENARD. *Le Socialisme à l'œuvre,* p. 301.

morale et chrétienne, est du moins de plus en plus brillante et savante — nous avons comme chrétiens sociaux et comme moralistes de grands reproches à faire.

1° *Nous lui reprochons d'être un régime anarchique de production*, sans contrôle et *sans connaissance scientifique* des besoins, ce qui amène de désastreuses crises de sous-production ou de surproduction, avec leur cortège lugubre de chômages forcés, de misère et de démoralisation. A notre point de vue religieux, nous ajoutons que ce désordre profond, sous prétexte de liberté et de lois naturelles (!) n'est qu'un autre nom de la lutte universelle des intérêts, et de l'égoïsme par conséquent, cette antithèse permanente de la justice. Nous ne servons pas le hasard, mais Dieu. Ce régime peut favoriser les intérêts privés de quelques forts, mais c'est au prix de l'écrasement de multitudes d'âmes faibles, toujours dépendantes et mineures : il est, comme on peut s'en apercevoir dans les cités industrielles, le plus grand obstacle à cette élévation des classes ouvrières, que préconisait Channing, à leur moralité et surtout à l'extension de la foi chrétienne. L'Evangile de la conversion et du Royaume de Dieu, en régime capitaliste, est écrasé dans l'œuf ; et là même où il fait des conquêtes, il devient une religion sentimentale et sans vigueur ; ce n'est qu'exceptionnellement que la vie religieuse peut s'y développer et croître. Et cela est vrai des riches plus encore que des pauvres.

2° *Nous reprochons, en second lieu, au régime actuel, de séparer le travail du capital*, donc de désintéresser la grande masse des salariés de la production, et de creuser, toujours plus profond, l'abîme entre les classes. Il est certain, par exemple, que les immorales pratiques du sabotage sont non seulement révélatrices d'une mentalité déplorable chez ceux qui s'en rendent coupables, mais plus profondément encore de l'anomalie et même de l'ignominie d'une organisation économique où les intérêts humains sont à ce point séparés et contraires !

Travailler par nécessité pure, par crainte, n'est pas d'une haute moralité sociale. Et exiger de la masse qu'elle travaille par devoir et par goût pour le profit de quelques employeurs, c'est peut-être demander un désintéressement au-dessus des forces actuelles. En tous cas, ce régime n'est même pas, pour ces motifs moraux, le plus productif possible ; il n'est pas davantage, et cela nous émeut comme chrétiens, le plus digne possible, toutes les fois qu'il abaisse le niveau de la conscience professionnelle, toutes les fois qu'il diminue l'homme en en faisant une chose, un outil vivant, un moyen pour des fins intéressées, ...toutes les fois enfin que monte, large et triste, la plainte ouvrière :

> Quel fruit tirons-nous des labeurs
> Qui courbent nos maigres échines ?
> Où vont les flots de nos sueurs ?
> Nous ne sommes que des machines.
>
> (Pierre Dupont.)

L'humanisation de l'industrie, du commerce, de l'échange, est le grand problème à résoudre, — religieux au plus haut degré ! La fondation d'une coopérative, une réforme sociale ou économique, une grève juste, peuvent avoir une portée religieuse infiniment plus grande que bien des sermons et des synodes ! Et néanmoins, les églises, *si elles le voulaient*, pourraient beaucoup pour cette moralisation des conditions du travail et du régime de la propriété...

« Si l'Eglise ne peut pas christianiser le commerce, c'est le commerce qui commercialisera l'Eglise. »(1) « Avant tout, l'homme est l'homme... Voir avant tout en lui une force de travail, est le barbarisme de notre civilisation. » (2)

Il faut que le fondement de la société soit l'*homme* et non la *chose*, la conscience et non la richesse.

(1) *Rauschenbuch* : « Christianity and the social crisis », p. 314 et s.
(2) *Ibid*. p. 370.

Nous savons tous que les fidèles de nos églises, eux-mêmes, qu'ils en aient ou non conscience, superposent la loi de la Croix — le Dimanche, — à la loi de la banque et des affaires, toute la semaine... Pouvons-nous, indéfiniment, admettre ce dualisme dans la vie chrétienne, cette secrète et fondamentale duplicité ? Le peuple s'écarte des sanctuaires, nous le savons, à cause de cet interdit. Un ouvrier socialiste, à son lit de mort — je cite ce fait, entre cent, comme un symbole, — me disait à l'hôpital : « Ne m'en veuillez pas si je ne suis pas venu au temple... Je crois en Dieu quand même ; *mais aller avec eux, non, cela ne m'était pas possible !* » La voilà, la confidence terrible !... Je ne dis pas que le peuple ait raison de parler ainsi, sur un grabat d'hôpital. Je constate et je baisse la tête. Aujourd'hui c'est un lieu commun, dans les masses, que de dire : l'Eglise est la gardienne du Capital. Jadis, le peuple ne disait pas cela de Jésus.

Le Christianisme moderne est *christocentrique*. Il importe que notre Economie politique devienne *anthropocentrique* ; que dans le commerce, dans l'industrie, partout, l'homme soit respecté dans sa dignité d'homme, et traité — même et surtout par les détenteurs ou les délégués de la puissance économique, — comme *fin* et jamais comme *moyen*, comme personne sacrée et non comme instrument à profit. Tel est du moins le but divin qu'il faut atteindre pour que s'harmonise l'idéal chrétien de l'homme complet tel que l'apôtre Paul l'a décrit (Ephés. IV) et l'idéal économique d'une société libre.

3° *Nous reprochons au régime actuel d'engendrer non-seulement l'anarchie dans la production* (comme nous l'avons montré), *mais encore l'anarchie commerciale et l'anarchie dans la consommation*, en séparant le producteur et le consommateur par une foule d'intermédiaires qui font payer fort cher leurs services, et qui développent anormalement (c'est P. Leroy-Beaulieu qui l'avoue) « l'organe de l'échange ». *L'école coopératiste,* en ce qui concerne l'anarchie commerciale, et plus récemment *la Ligue sociale d'acheteurs*, en ce qui concerne l'anarchie de la consommation, ont fait si souvent et si complètement la critique économique du système à ce point de vue, que nous n'insisterons pas. (1)

4° Enfin, nous reprochons au régime actuel sa répartition trop inéquitable des richesses, qui produit deux classes de parasites : celle des riches oisifs et celle des indigents : il y en a 1.400.000 en France. — Nous ne pouvons aller jusqu'à dire avec notre ami M. Paul Passy : « Nous voulons que chaque être humain ait ici-bas une part égale ou équivalente de la richesse sociale ». La justice égalitariste, partageuse, dit cela : pas la plus grande justice, qui est qualitative et distributive — celle qui consiste à aimer le prochain « *comme soi-même* » et « *plus que soi-même !* »

Nous ne pouvons pas davantage nous contenter de la formule collectiviste de répartition : « *à chacun selon son travail* », surtout si l'on ajoute que ce travail doit être mesuré au nombre d'heures qu'il a exigées, parce que notre idée de justice n'est pas satisfaite par des déterminations numériques. Si elle n'était pas au fond profondément aristocratique, nous aimerions la formule Saint-Simonienne : « à chacun selon sa capacité, à chaque capacité selon ses œuvres » !... Mais nous dirons tout simplement, en nous inspirant de la Loi d'or : « *A quiconque n'a pas démérité, un droit égal à la vie, à tout le développement possible de sa puissance de vie.* » (2)

(1) Cf. JACOB. (« Devoirs, » p. 249). Nous avons mis à profit la remarquable étude de morale sociale de ce beau livre, sur « Le Collectivisme et le Droit de propriété. »

(2) G. RENARD. (« Le Socialisme à l'œuvre », p. 111), dit excellement : « Nous voulons que tous les êtres humains trouvent dans la société future, d'égales facilités pour se développer intégralement, c'est-à-dire *inégalement*. » — Ce qui nous empêche de dire « à chacun selon sa capacité et son travail », c'est l'idée que *les faibles* ont, pour la conscience chrétienne et pour la conscience moderne, *un droit à la vie égal à celui des forts.* Toutefois, nous refusons ce droit égal aux paresseux, aux criminels, etc. (2 Thessal. III, 10).

Pour le collectivisme exclusif, il n'y a qu'un moyen économique d'assurer ce droit égal, c'est la socialisation — uniforme ou multiforme — de la propriété.

Pour le christianisme social, la solution est plus complexe et, avouons-le, plus hésitante. En ce qui concerne le meilleur mode de production et de répartition des richesses, le christianisme social est certainement orienté d'une manière générale vers l'idée d'une *socialisation progressive, libérale,* par conséquent *multiforme, de la propriété ;* mais sa méthode expérimentale comme ses principes évangéliques lui interdisent de dogmatiser ses préférences, de formuler ne varietur le mode unique de cette socialisation, et de s'immobiliser à tout jamais dans une solution économique. Il doit tenir compte pour chaque époque, pour chaque milieu, des contingences. Et quelle que soit notre solution préférée, et toujours provisoire en somme, nous nous ferons un devoir d'éviter toute équivoque, de préciser loyalement pour y remédier tous les défauts de notre propre conception, et de maintenir notre conscience en parfait accord avec son Inspirateur suprême, foyer vivant et permanent de justice et d'amour. (1)

En vertu de ces principes, nous ne pouvons être satisfaits par les solutions de l'individualisme économique, même en ses formes les plus progressistes, car elles partent toutes de l'idée outrageusement optimiste que le monde est aussi bon que possible et qu'il suffit de l'améliorer, tandis que le christianisme, allant plus au fond des choses, part de la double constatation expérimentale, que l'homme est pécheur et qu'une société d'hommes pécheurs est « radicalement » mauvaise, (mauvaise dans le principe

---

(1) Cf. plus loin, pour le développement de cette idée la thèse VIII de nos conclusions.

égoïste de sa constitution, non certes dans sa nature profonde qui est divine et dans la totalité de ses manifestations qui sont infiniment complexes), en sorte qu'il faut réformer l'individu et la société, l'un *par* l'autre, et l'un *pour* l'autre, en vue du Royaume de Dieu.

Pour serrer de plus près nos réserves, il y a deux attributs, en quelque sorte deux droits excessifs, actuellement attachés à l'idée de propriété — et dont la conscience des chrétiens sociaux souhaite généralement et de plus en plus la disparition prochaine par tous les moyens conformes à la justice : 1° *le droit d'accumulation indéfinie* (Esaïe v, 8) : « Malheur à ceux qui ajoutent maison à maison, qui joignent champ à champ, jusqu'à ce qu'il n'y ait plus d'espace !... » (Matth. II, 19 : « N'amassez pas des trésors sur la terre ! »). Il faut poser à tout prix une limite, au nom du droit de tous les frères à la vie, à la terre commune, à la maison du Père ; 2° *le droit de l'exploitation de l'homme par l'homme, en vue du profit,* — *c'est-à-dire, le droit de tirer profit du travail d'autrui par le moyen de grands capitaux privés de production.*

Ceci est le problème délicat et troublant par excellence de l'heure actuelle : il faut, pour en comprendre la tragique portée, l'étudier chez les pauvres et non chez les riches, devant l'Evangile du Royaume et non devant l'Evangile de Manchester. Tant que cette exploitation, en régime patriarcal ou de libre concurrence paraissait le seul mode possible de production et n'engendrait pas manifestement, *nécessairement,* ici une classe d'oisifs et et là une classe d'indigents, la conscience humaine pouvait ne pas être très troublée par ce problème. Mais aujourd'hui et de plus en plus le problème se pose — non comme une question de limite seulement, mais comme une question de droit. C'est ainsi que l'entendent ceux qui préconisent soit l'intervention de l'Etat dans la grande production, soit l'action syndicale forte, organisée et responsable.

***

Pour le moment, il n'y a que deux solutions sérieuses (1), socialistes dans leur principe, qui aient été discutées et qui aient paru discutables entre chrétiens sociaux ; l'une et l'autre sont non seulement des conceptions théoriques, mais déjà *des expériences positives*, et c'est ce qui leur donne tant de valeur. Elles départagent visiblement les membres de notre Association en deux tendances, quoique les points de contact soient en fin de compte plus nombreux que les divergences. Ces deux solutions sont celles du *coopératisme libéral* et du *socialisme collectiviste et idéaliste*.

Le coopératisme nous offre « tout un programme de rénovation sociale » (2), et se présente à nous comme « la seule expérimentation sociale au xixᵉ siècle qui ait réussi », selon le mot de Cl. Jannet, avec des perspectives attirantes qu'ont su nous révéler les prophètes de la coopération depuis Owen et Fourier jusqu'à nos maîtres vénérés MM. de Boyve et Ch. Gide. Nous renvoyons pour la détermination des avantages de ce système à la caractéristique magnifique qu'en ont faite si souvent ces derniers. Par la coopération, nous sortons de la compétition

(1) Certains préconisent un troisième moyen d'assurer le droit égal à la vie, — qui se rapprocherait de la solution *propriétiste* : l'universalisation de la petite ou de la moyenne propriété, « le morcellisme » ; nous ne pensons pas qu'on ait encore fourni le secret de cette répartition universelle, ni la preuve que ledit régime morcelliste serait plus libéral, plus stable et plus productif que le régime actuel et surtout que le régime coopératiste ou que le régime socialiste. Le morcellisme, c'est encore un système de statu quo superficiellement amélioré.

(2) Ch. Gide. « Principes d'Ec. pol. », p. 452.
Cf. pour l'étude du Coopératisme : Gide : « La Coopération : Conférences de propagande » ; — « Les Sociétés coopératives de consommation » (Paris, Colin).
De Boyve : « Histoire de la Coopération à Nimes (1899). — A. Fabre : Robert Owen.
Le journal l'*Emancipation* (M. de Boyve, r. Esplanade, Nimes ; 2 fr. 50).
Dans le sens socialiste : Maurice Lauzel : « Manuel du Coopérateur socialiste », etc., etc.

individualiste, nous tendons à une généralisation de la propriété individuelle et à la constitution d'une propriété collectiviste ; nous enlevons au capital la direction exclusive de la production ; surtout nous faisons l'éducation sociale d'une élite, en visant la moralisation de tous les rapports économiques.... et même la suppression de tous les modes d'exploitation de l'homme par l'homme et toutes les causes de conflit (1).

Sous ses formes diverses (coopération de consommation, de production, de crédit, etc.) la coopération tend toujours et partout à substituer à l'entreprise privée l'association libre d'un certain nombre d'intéressés. Dans la mesure où elle triomphe, le propriétaire individuel (patron, commerçant, détaillant, banquier, propriétaire foncier) est remplacé par des collectivités particulières, et celles-ci, par la logique même du principe coopératif, tendent à une concentration plus grande encore. La preuve de fait nous est fournie par le projet récent d'E. Gray (un modéré cependant, secrétaire de l'Union coopérative anglaise) d'intégrer en une seule immense association de 8 à 9 millions d'individus toutes les coopératives de la Wholesale !

En présence de tous ces avantages et surtout des principes solidaristes qui sont à la base du système, comment ne serions-nous pas coopératistes ? C'est certainement une application économique, — peut-être limitée, peut-être encore insuffisante, mais authentique et fidèle, des principes chrétiens.

On a souvent souligné la parenté étroite du solidarisme paulinien notamment (Rom. XII, I Cor. XII, Ephés. IV) et du coopératisme moderne. Et toutefois, il nous reste une inquiétude, une angoisse même, qui ne nous empêche pas d'adhérer, mais qui nous oblige à aller plus loin, à songer aux masses retardataires, ou encore inaptes par suite de leur misère ou de leur imprévoyance à l'éducation coo-

(1) GIDE : « Principes d'Ec. pol. », p. 455.

pérative, et qui risquent d'être abandonnées par le sys·
tème dans les ténèbres du dehors où il y a des pleurs et
des grincements de dents. La coopération n'offre, si j'ose
dire, qu'un salut conditionnel et limité à un petit nombre
d'élus (comme les prédicateurs du réveil religieux qui exi-
gent la conversion individuelle pour entrer dans le
royaume des cieux), et c'est pourquoi nous voudrions une
solution qui, en attendant que tous les individus se déci-
dent à coopérer volontairement, leur assure tout au moins
le droit à l'existence.

Le collectivisme — qui implique le coopératisme (1) —
paraît à beaucoup de chrétiens sociaux ou socialistes, être
cette solution plus complète, et «le meilleur commentaire
économique de l'Evangile » (Paul Passy, Biville, et tous
les socialistes chrétiens). Nous avons exposé nous-mêmes
dans le cours de ce travail les principales raisons qui
militent en faveur du socialisme, et quelques-unes des
réserves que nous impose notre conscience chrétienne en
face des partis socialistes organisés. La discussion appro·
fondie des systèmes socialistes (depuis le socialisme par·
lementaire jusqu'au syndicalisme révolutionnaire) mériterait d'être faite, mais nous entraînerait trop loin et du
reste n'est pas essentielle, après tout ce que nous avons
dit, pour établir notre thèse que le Christianisme social
ne peut pas se laisser enfermer et immobiliser dans l'une
quelconque des formes du collectivisme moderne pas plus
d'ailleurs que dans le coopératisme libéral.

(1) Nous renvoyons pour l'exposé du collectivisme aux ouvrages connus de E. VANDERVELDE : Le collectivisme et l'évolution
industrielle (Bibliothèque Socialiste, 1 fr. 50).
  Georges RENARD : « Le régime socialiste. » — (Paris, Alcan) —
« Le socialisme à l'œuvre ».
  JAURÈS : Etudes Socialistes (Ollendorf, 1902). — *L'Action Socia-*
liste (Georges BELLAIS, éditeur).
  Maurice BOURGUIN a fait l'étude et la critique des divers systè-
mes socialistes dans « Les Systèmes socialistes et l'évolution éco-
nomique». (Colin, 10 fr.)
  Enfin, M. Paul PASSY, à un point de vue chrétien, s'est fait au
Congrès de Genève l'avocat du collectivisme (*Travaux* de l'Assoc.
Protestante, Congrès de Genève, 1906, 3 fr. 50).

La question sociale reste ouverte.

De la discussion très intéressante de notre Congrès de Genève (1906), à la suite du beau rapport de M. P. Passy, comme de toutes nos études, cette impression se dégage, très forte en ce qui nous concerne, qu'on peut très bien imaginer *un Socialisme chrétien* qui préconiserait et synthétiserait, pour résoudre le problème de la propriété, les deux solutions proposées, lesquelles bien comprises, ne sont pas exclusives l'une de l'autre ; ne sont-ce pas au fond deux méthodes d'action — l'une d'abord plus individualiste, l'autre d'abord plus étatiste — pour arriver à la même fin idéale : l'organisation universellement coopérative de la propriété ? (1) L'une fait l'éducation de l'individu, l'autre celle de la collectivité : pourquoi, partant de deux points différents ne finiraient-elles pas par se rencontrer ?

Les divergences actuelles entre un coopératisme qui se déclare interventionniste et vise à absorber la production par le développement même de la consommation (Andler,

---

(1) Ch. Gide : « *Nous savons parfaitement qu'il y a une part de collectivisme qui se réalisera forcément et qui est déjà réalisée... Il ne s'agit pas de savoir si le collectivisme sera ou ne sera pas ; il sera sûrement, il est déjà. Il s'agit seulement de savoir s'il est destiné à envahir toute la société, à éliminer toutes les autres formes de propriété et d'entreprise, ou s'il s'arrêtera à certaine limite...* » « *C'est donc une question de degré.* » « Pour nous, nous nous estimerons satisfaits, quelque grande que soit la part du collectivisme, pourvu qu'il laisse à toutes les autres formes d'entreprise et de propriété, la possibilité d'exister et la liberté de lutter contre lui. » (*Travaux du Congrès de Genève*, 1906, p. 122 et 123.)

E. Vandervelde a dit de son côté : « Que l'on prolonge ces deux tendances à travers l'avenir et l'on aboutit à un régime fondé sur la coopération volontaire, dans lequel l'Etat gouvernement s'en est allé, suivant l'expression d'Engels, rejoindre le rouet et la hache de bronze au musée des antiques. »

Edgar Milhaud, (op. cit., p. 132 et s.) : « Les socialistes n'ont jamais demandé la suppression de toute propriété individuelle. Ils entendent maintenir intégralement la propriété individuelle de consommation ; *bien plus, cette propriété individuelle, véritablement essentielle à la vie des individus, ils veulent l'universaliser.* » « Ils ne proposent de socialiser que ceux (des biens de production et d'échange) qui ont un caractère *capitaliste*, c'est-à-dire, sont possédés par les uns et mis en œuvre par les autres. »

Gide, Aftalion, etc.) et un collectivisme, qui se déclare libéral, évolutionniste, et même respectueux de la propriété privée des moyens de consommation et même d'une certaine propriété privée des moyens de travail qui n'ont pas un caractère capitaliste, — les divergences actuelles, dans ces conditions, ne nous paraissent pas irréductibles, et n'atteignent pas le fond des choses. En quoi consistent-elles aujourd'hui, en effet ? Le système coopératif maintient au nom de la liberté les inégalités sociales ; le système collectiviste veut les abolir le plus possible et préalablement. Le premier prend son parti de la misère des masses réfractaires à l'éducation coopérative ou en appelle à l'Etat pour la solution provisoire des questions qui restent en dehors de son programme ; le second veut atteindre ce but grandiose et émouvant ; l'émancipation économique de toute la classe ouvrière et par elle de l'humanité, sans doute par l'éducation coopérative et socialiste, mais aussi pour les irréductibles et les réfractaires qui lèsent les intérêts de leurs frères, par la pression collective et, s'il le faut, par la violence légale mise au service du droit de tous à l'existence normale, et « pour cause d'utilité publique »…. Le socialisme offre ou croit offrir ainsi une sorte de salut universel, par évolution ou, si c'est nécessaire par révolution. — Ces divergences restent et nous ne voulons pas les atténuer ; elles attestent une fois de plus la difficulté de la synthèse mais non pas son impossibilité.

Chaque système d'ailleurs a sa part d'illusion et de rêve… N'est-ce pas l'illusion du coopératisme libéral de croire qu'on pourra arriver avec les *bonis* épargnés, à socialiser suffisamment la propriété pour que tous aient droit à l'existence ? Comme le dit fort bien Georges Renard (1) (*Le Socialisme à l'œuvre*, p.105) « c'est un levier

(1) Cf. Georges SOREL : Réflexions sur la violence (1908). Ce livre curieux est une sorte de métaphysique de la violence révolutionnaire et syndicaliste. Il fait penser quand il dénonce « la niaiserie » qu'il y a dans l'admiration de nos contemporains pour

trop faible pour un effort si grand ». Mais n'est-ce pas aussi l'illusion du collectivisme de croire qu'on réalisera le bonheur humain, ou même simplement qu'on assurera *le minimum d'existence à tous* par voie de contrainte : n'est-ce pas plutôt *la guerre permanente de classes* qu'on risque de déchaîner par ce moyen ? Sans la liberté, peut-on arriver à une paix durable ? Par la liberté, d'autre part, arrivera-t-on jamais ? Que d'énigmes !

Si la liberté est l'une des conditions morales du Royaume de Dieu, la justice égale pour tous, la justice sociale, n'en est-elle pas l'autre condition ? Vrais dans leurs affirmations positives, les deux systèmes sont insuffisants et paraissent utopistes, dès qu'ils s'excluent et dans leurs prétentions absolutistes.

Les systèmes socialistes de l'heure actuelle, offrent des parties douteuses et discutables (loi de la concentration fatale des moyens de production, loi de la paupérisation croissante du prolétariat et des classes moyennes, etc.), des parties obscures ou équivoques (telles que celles du matérialisme économique et de la lutte de classes — qu'on doit accepter comme des faits et qu'on peut, à notre avis, interpréter très moralement et chrétiennement, mais dont on nous donne trop souvent une exégèse inadmissi-

la douceur et quand il révèle les sophismes de « la morale des producteurs ». Toutefois cette *morale de la violence*, malgré la terrible part de vérités critiques qu'elle contient, est inacceptable en son mobile essentiel et profond qui est la haine, une haine à la fois mystique et sauvage dont la barbarie fortement pensée et voulue par un intellectuel intrigue, amuse même parfois, mais n'atteint pas son but qui est sans doute de répandre une salutaire terreur parmi les bourgeois ! Le christianisme primitif a eu aussi sa conception catastrophique du Royaume de Dieu, et Jésus a affirmé qu'il était venu allumer un feu sur terre, qu'il avait apporté l'épée, non la paix, et que ce sont les violents qui s'emparent du Royaume : mais le principe fondamental de tout cet Évangile de violence était l'amour, exclusivement, l'amour non d'une classe seulement, mais de tous les hommes sans exception. — Le christianisme social se doit à lui-même de restaurer les vieilles notions de « la colère de Dieu », de *la violence* nécessaire pour entrer dans le Royaume, et d'opposer à la métaphysique de la violence haineuse, la théologie de la violence aimante, seule capable de régénérer le monde.

ble et parfois même odieuse), — et enfin des parties tout-
à-fait inacceptables, mais qui ne sont pas heureusement
inhérentes à la conception économique elle-même du
socialisme (telle, *le matérialisme athée*, affiché par tant de
partis socialistes ; telle, encore, *l'apologie de la violence
révolutionnaire*, extra-légale, volontairement sans but
déterminé, fondant l'éthique du prolétaire sur « le sublime » des seules aspirations révolutionnaires, et sur « le
mythe catastrophique » de la grève générale). Qu'importe ! Ne nous laissons pas émouvoir par toutes ces
lacunes ou par toutes ces erreurs accidentelles et passagè-
res ! La vérité prévaudra.

Déjà, une élite oppose au collectivisme exclusif et
imposé « le collectivisme spontané », qui a le mérite d'être
un régime de liberté et de solidarité, exigeant pour sa
réalisation une puissante éducation morale et sociale et
des vertus authentiquement chrétiennes : *l'esprit de fraternité* largement répandu dans les masses (ce que l'Evangile appelle l'amour du prochain comme soi-même), et
l'esprit de dévoûment, de consécration et de sacrifice, en
vue de fins sociales supérieures (ce que l'Evangile
appelle l'amour du prochain élevé à la mesure de
celui de Jésus, « l'amour du prochain supérieur à celui de
soi-même ! ») (1)

---

(1) Cf. les sérieuses réflexions de M. Jacob, qu'on dirait parfois
écrites par un chrétien, dans son livre remarquable (*Devoirs*, p.
286) — : « Sachons voir l'homme d'aujourd'hui tel qu'il est et, sans
le mépriser, sans méconnaître ses efforts vers la vérité et la justice,
sans oublier surtout de quel passé effroyable il porte le poids,
comprenons qu'avec sa nature actuelle, avec son égoïsme, sa paresse, sa vanité, ses passions étroites et mesquines, il ne peut
entrer dans la cité de l'avenir...» « Il est des bonheurs qui ne
sont pas faits pour une société qui reste encore moralement trop
basse. »

— E. Fournière, dans « La Crise Socialiste » (p. 353 à 367) —
décrit aussi ce qu'il appelle « la course à l'abîme » (sous l'impression du conflit actuel entre le socialisme parlementaire et le syndicalisme révolutionnaire) :

« Nous tentons en France une expérience inouïe. Nous voulons
fonder l'ordre politique, social et moral sur la raison, la science et
la délibération. Nous avons brisé toutes les traditions et sommes

Pourquoi ne verrions-nous pas, sous l'influence de telles préoccupations morales et de l'esprit chrétien, triompher un large socialisme coopératiste et libéral, qui poursuivrait la socialisation progressive de la propriété — et l'abolition de la misère par la double voie coopératiste et collectiviste et, par telles ou telles organisations économiques encore innommées et poursuivant le même idéal ?

Quoi qu'il en soit, tous les chrétiens doivent s'unir au nom de leur morale, au nom de leur idéal, au nom de leur Maître et de leur Sauveur, pour proclamer *le devoir de sauver tous leurs frères, spirituellement et socialement et par conséquent le droit de tous les frères à ce salut intégral.*

Loin de nous diviser en sectes rivales et en partis de lutte, nous devons, quelles que soient nos tendances particulières, former en France et dans le monde entier, le vaste et souple organisme du Christianisme social, avec tous ceux qui entendent soumettre à la loi de justice et d'amour tout le régime du travail et de la propriété, et qui sont prêts à aller, dans la voie de la solidarité économique, conduits par l'Esprit de Jésus-Christ, jusqu'où il faudra, pour qu'au banquet de la vie il n'y ait plus que des frères, et pour que dans la communion universelle

plus libérés et dénués de tout, que les premiers pionniers d'Amérique, qui du moins avaient emporté leur bible avec eux. Notre école est sans Dieu et notre village sans prêtre. Nous avons pour règle unique la conscience individuelle ouverte à toute la critique, et pour unique régulateur le code pénal. Seuls un fort sentiment démocratique et une éducation sociale intensive peuvent sauver la nation qui ose un telle innovation... » Il faut, selon le mot de Jaurès, « sauver la nation des germes de décomposition qui la travaillent. » (*Humanité*, 20 juin 1907). « Il aurait fallu dire, pour prendre un exemple, que le sabotage est une injure à la conscience du travail et que l'action directe illégale et violente s'oppose à l'éducation et à l'organisation des travailleurs. » Voici des aveux d'une haute inspiration morale : « Du plus anarchiste au plus parlementaire d'entre nous, nous portons tous une chaîne, une chaîne de terreur, la terreur de n'être pas aussi avancé que celui qui est devant nous »... « Curés de la sociale, nous avons promis le paradis à nos ouailles. Où les avons-nous conduites ? » (p. 367).

avec Celui qui symbolise le pain et le vin des âmes, nous retrouvions enfin le Père de l'Humanité, notre Père qui est aux cieux !

CONCLUSIONS

I. La Question est posée.

Le Christianisme est mis en demeure de réaliser la justice, toute la justice, la justice la plus haute, dans la vie sociale comme dans la vie individuelle.

Malheur au Christianisme s'il ne répond pas efficacement à ces justes sommations de la conscience moderne — et si, en outre, il montre moins de pitié fraternelle et active pour les misères humaines que n'importe quel autre système philosophique, économique, politique ou religieux !

« Dieu veuille que les socialistes chrétiens ne se laissent pas devancer par les socialistes non chrétiens ! C'est un des grands dangers pour le Protestantisme de l'avenir. » (Éd. Stapfer, *Revue Chrétienne*, mai 1908, p. 376).

Le Christianisme doit aborder franchement, mais à sa façon, laquelle est spirituelle, le problème brûlant qui est *économique*.

II. Définition (essai)

Le Christianisme social peut être défini *historiquemen* et *psychologiquement* comme un mouvement de pitié et de justice, comme une *tendance générale*, jusqu'ici volontairement imprécise, et qui n'a pas pu ou su formuler encore sa doctrine systématique et son programme d'action. Henri Appia l'a défini : « La préoccupation d'appliquer le Christianisme aux questions sociales pour les éclairer de la véritable lumière. » (p. VIII, *Le Christianisme social*). Mais cette définition ne va pas au fond du sujet. Le Christianisme social n'est pas le Christianisme traditionnel, *plus quelque chose.*

Il est le *moment* actuel de l'éternelle réforme, un aspect, l'aspect chrétien de la crise universelle du monde, et enfin une vraie révolution spirituelle et sociale dans le Christianisme lui-même. La pierre de touche qui permet de distinguer le chrétien social, c'est la misère des multitudes. En face d'elle, les uns répètent l'*Odi profanum vulgus* de l'épicurien Horace, les autres pleurent et aiment en redisant le *Misereor super turbam* de Jésus.

Le Christianisme social, c'est, psychologiquement, l'amour divin des foules, qui toujours implique une conception *humaine* de Dieu et une conception terrestre et sociale de son Royaume.

Même après la Croix et la Résurrection de Jésus, « le Royaume de Dieu reste encore une conception collective, enveloppant la pleine vie sociale. »

(Rauschenbusch. *Christianity and the social crisis*, p. 65).

Le Christ est la vraie *Puissance concrète et vivante capable de réaliser partout la justice et l'amour.*

Voici la définition complète que nous proposons :

Le Christianisme social, c'est la rénovation progressive du monde (âmes — églises — société) par la puissance spirituelle de Jésus-Christ et par l'idée du Royaume de Dieu.

III. Notre Individualisme.

Le Christianisme social, même quand il aboutit économiquement au socialisme, est essentiellement individualiste. Il part de la conversion individuelle, et poursuit le salut des âmes avant tout, dans la pratique. « Qu'avons-nous voulu, sinon de chercher une méthode plus pratique et plus évangélique pour hâter la conversion des âmes ? » *Fallot (Simple explication, p. 8).*

Mais le Christianisme social régénère profondément le vieil individualisme philosophique, économique ou religieux, et nous donne un nouvel individualisme, situé dans un solidarisme universel. Il n'est pas un seul problème de la vie intérieure qu'il ne pose et qu'il ne *réinterprète* d'une façon sinon nouvelle, du moins autre — autre par la tonalité et par l'orientation de l'expérience religieuse — que le Christianisme protestant traditionnel.

Quand la conversion individuelle sera bien comprise, elle aura un profond retentissement dans toute la vie économique. Les pionniers du Christianisme social, depuis les prophètes du viiie siècle av. J.-C. jusqu'à nos jours, nous ont fait une âme nouvelle, éperdûment orientée vers une société nouvelle.

IV. Le Dogme et l'Eglise

Le Christianisme social au XXe siècle poursuit la rénovation de notre Christianisme actuel — ecclésiastique et dogmatique — par les « idées forces » du Christ et du Royaume, ou plus simplement par l'idée de solidarité dont les symboles chrétiens successivement mis en lumière, dans l'évolution historique du Christianisme social français ont été : la Paternité divine, le Royaume de Dieu et le Messianisme. Ces symboles ne s'excluent pas mais se complètent et caractérisent les divers aspects de la réforme de la Réforme.

La critique du Christianisme ecclésiastique (en vue de l'adaptation des églises aux conditions de la pensée et de la vie modernes) est une des caractéristiques essentielles du Christianisme social dans le monde entier.

La substructure économique de l'exégèse, de l'histoire, de la dogmatique, de la morale et de presque toute la théologie actuelle est encore ou romaine, ou grecque, ou féodale, ou capitaliste, parfois jusqu'au mammonisme inclusivement.

V. La Puissance victorieuse du mal

Il n'est pas possible de vaincre la puissance actuelle du mal, en ses multiples formes — morale, sociale, économique, ecclésiastique, dogmatique, etc. — avec les systèmes économiques et avec les forces religieuses contemporaines : *individualisme philosophique ou économique, solidarisme laïque et quasi juridique ; socialismes organisés*, etc. L'impuissance fondamentale de toutes les forces ecclésiastiques et de tous les systèmes économiques, malgré leur grande part de vérité et leurs immenses services rendus, éclate devant la puissance du mal individuel et du mal social, *dès qu'on va au fond des questions* (par exemple, de la question sexuelle ; ou de la question économique par excellence, la propriété privée).

La solution pratique (la seule qui importe) pourrait se trouver dans la synthèse de toutes les forces humaines positives, faite à la lumière de l'Evangile et grâce à la puissance personnelle du Christ. C'est le Christianisme social qui, seul, osant suggérer cette solution, croit à la fin de la misère et à la fin du mal.

VI. L'Elite et la Foule

Le Christianisme social ne doit pas être étroit et exclusif. S'il y a un devoir primordial posé par la misère prolétarienne (urbaine ou rurale) il y en a un tout aussi impérieux et d'ailleurs étroitement lié au premier, posé par la misère spirituelle des classes dirigeantes, intellectuelles ou bourgeoises. Cette misère spéciale des riches est à l'heure actuelle un symptôme des plus alarmants. La question sociale se complique d'un malaise moral et d'un affaiblissement d'énergie dans les classes dirigeantes.

Cette double misère prolétarienne et bourgeoise, doit hanter la conscience du chrétien social, qui ne saurait prendre son parti de l'existence même des classes, de ce qu'un philosophe a appelé « l'incommensurabilité de l'élite et de la masse. »

Le Christianisme social doit s'efforcer d'apporter la force du Christ et l'idéal du Royaume aux intellectuels et aux dirigeants.

VII. Le Christianisme social et le Socialisme

Le Christianisme social tel que nous l'avons défini est *antérieur* au socialisme et lui survivra. Il embrasse un champ d'action infiniment plus vaste (le monde spirituel, le Royaume de Dieu céleste, etc.) que n'importe quel socialisme.

Toutefois le Christianisme devra traverser, semble-t-il, une phase socialiste, pour se régénérer, et pour pouvoir passer de la phase individualiste actuelle à la phase solidariste et synthétique que tout impose et que tout annonce.

VIII. Le Christianisme et la Propriété

Le problème délicat pour le Christianisme, c'est le problème économique ; et le point brûlant, c'est celui de la propriété privée.

Le Christianisme tout entier (et pas seulement le Christianisme social) le résoudra ou s'y brisera.

« *Si l'Eglise ne peut pas christianiser le commerce, c'est le commerce qui commercialisera l'Eglise* » (Rauschenbusch, op. cit., p. 314).

« *La force spirituelle du Christianisme doit être dirigée contre le matérialisme et le mammonisme de notre ordre industriel et social.* » (Idem, p. 369).

Le Christianisme moderne est *christocentrique*. Il importe que l'Economie politique des chrétiens soit *anthropocentrique* ; que la personne humaine soit fin et non moyen : et que jamais elle ne soit traitée comme *une chose qui produit d'autres choses*.

Régir les choses pour affranchir les hommes, voilà le programme économique du Christianisme social. Nous aboutissons, sur le terrain économique, en exprimant loyalement le contenu actuel de notre conscience religieuse, à un *socialisme libéral, coopératif*, et par la force des choses *interventionniste*, attendu que dans l'état actuel de la moralité et de l'éducation sociale du plus grand nombre, l'État ou la loi reste le seul moyen pratique et nécessaire d'assurer à tous dans la cité l'ordre et la vie.

Les principes concernant la propriété, admis à peu près par tous les chrétiens sociaux, pourraient se ramener aux suivants :

1° *La propriété absolue est non à l'homme, mais à Dieu, non à l'individu, mais à la société.* La relativité du droit de propriété a toujours été d'ailleurs une thèse fondamentale du Judaïsme et du Christianisme.

Les Églises fidèles doivent répandre cette thèse sociale.

2° *La limitation du droit de propriété est au plus haut point une question morale et donc une question religieuse, pour un chrétien social, avant d'être une question juridique, économique ou politique.*

Le droit à l'existence personnelle consacre, mais aussi limite le droit à la propriété privée. *Le droit des autres à l'existence* pose également des limites à l'appropriation des richesses, et imposera la transformation complète de l'exploitation capitaliste des grands moyens de production et d'échange . (Les catholiques sociaux ont beaucoup insisté sur les limitations morales, et les socialistes sur la socialisation de la production).

3° *Au droit de propriété personnelle ou sociale* (soit des moyens de production, soit des parts en régime coopératif, soit des biens de consommation) correspondent *les devoirs de la propriété.* Le *Christianisme social* devrait nous donner **une morale de la propriété.**

4° En ce qui concerne le meilleur mode de production

et de répartition des richesses, le Christianisme social est voué par son positivisme expérimental à évoluer, en tenant compte pour chaque époque, pour chaque milieu, des contingences. Pour le moment présent, le nombre des solutions discutées et discutables entre chrétiens sociaux semble limité en fait à deux qui sont socialistes dans leur principe : *la solution coopérative et la solution collectiviste.* La solution dite *propriétiste* (celle des jaunes) n'a pas été discutée chez nous, car en fait, elle n'est que la généralisation du statu quo.

On peut à bon droit se demander si le coopératisme et le collectivisme sont des solutions décisives, capables de mettre fin à la misère actuelle et de fonder le régime économique de justice et de fraternité ?

Le Christianisme social laisse la question ouverte, avec raison. Et cela signifie qu'*il n'est pleinement satisfait ni par l'individualisme économique* même en ses formes nouvelles et progressistes qui ne cherchent qu'à améliorer le régime actuel ; *ni par le coopératisme libéral,* qui fait l'éducation sociale d'une élite (et cela est un service considérable !) mais risque de laisser éternellement la masse dans le statu quo ; *ni par le collectivisme* qui apporte peut-être « le meilleur commentaire économique de l'Evangile » (Paul Passy, R. Biville), mais qui accompagne ce commentaire d'affirmations qui ne sont pas toujours scientifiques ni chrétiennes, *du moins à l'heure actuelle, et dans les partis organisés ; ni enfin par le syndicalisme révolutionnaire* dont les doctrines de violence, même habilement présentées par un Georges Sorel(1), ne sauraient être professées telles quelles par des chrétiens socialistes. Il est vrai que ces défauts ou ces défaillances des théories socialistes ne sont pas inhérents à l'idéal proprement écononomique du socialisme. *Mais un chrétien coopératiste, socialiste ou syndicaliste, parce que chrétien, se doit à lui-même et doit à son Inspirateur*

_____

(1) G. Sorel : « Réflexions sur la violence » (1908).

suprême, qui est le foyer vivant de toute justice et de tout amour, de dissiper tous les malentendus, d'éviter toutes les équivoques, et de préciser pour y remédier toutes les lacunes de la solution sociale, toujours provisoire en somme, à laquelle il s'arrête. Faute de le faire, il pourrait obscurcir ou atténuer son caractère spécifiquement chrétien.

Et il y a lieu de voir notamment si les trois grands principes socialistes de la *socialisation de la propriété, du matérialisme historique et économique, et de la lutte de classes,* peuvent être chrétiennement interprétés.

∴

Quoiqu'il en soit, il faut que tous les chrétiens s'unissent pour proclamer : 1° LE DROIT DE TOUS AU SALUT INTÉGRAL *(donc à l'existence mat rielle normale, à l'existence intellectuelle normale, à l'existence morale et spirituelle normale),* c'est-à-dire le droit au pain, à l'air, à l'eau, à l'hygiène, à l'instruction, à l'éducation, à la science, à la beauté, à la liberté de conscience, à la consolation, à la conversion, à la vie éternelle ! 2° LE DEVOIR DE SAUVER LES AUTRES, LE DEVOIR DE TOUS DE TRAVAILLER, *avec la force de Dieu, et selon les dons que chacun a reçus,* A L'AVÈNEMENT DE CE SALUT INTÉGRAL, dont la vieille Bible et la science moderne nous donnent une idée si sociale et si spirituelle.

TABLE DES MATIÈRES

justice que devient 1° *le droit d'accumulation indéfi-nie ?* (p. 80), et 2° *le droit de l'exploitation des hommes en vue du profit ?* (p. 80). — Deux solutions sérieuses : *le coopératisme* et *le socialisme collectiviste.* Elles ont chacune leurs lacunes. Le socialisme chrétien poursuit la synthèse de ces deux solutions. — Le « collectivisme spontané » (p. 87). — Unissons-nous sur le terrain du Christianisme social (p. 88).

CONCLUSIONS. — VIII Thèses sur le Christianisme social (89-96).

Table des matières (p. 97).

IMPRIMERIE COOPÉRATIVE « LA LABORIEUSE »
7, Rue J. - B. - A. Godin, 7,
NIMES

EDITIONS DU FOYER SOLIDARISTE

SAINT-BLAISE   ROUBAIX

près Neuchâtel (Suisse)   123 Bd de Belfort (France)

FÉLIX BOVET. Pensées 3.50 ; relié toile 5.—, demi-mar.	7.—
Joséphine E. BUTLER. Souvenirs et pensées 3.50, relié	5.—
GASTON FROMMEL. Etudes de théologie moderne . .	4.—
— Etudes littéraires et morales (2me éd.) . .	3.50
— Etudes morales et religieuses (2me éd.) .	3.50
— Etudes religieuses et sociales (2me mille)	3.50
ARNOLD REYMOND. Logique et mathématiques . . .	5.—
H. KUTTER. Dieu les mène	3.50
— Nous les pasteurs	3.—
H. DRUMMOND. L'évolution de l'homme	3.50
F. THOMAS. Préjugés d'hier, vérités de demain	3.50
PAUL SCHMIDT. Court de Gébelin à Paris	3.50
F. W. FŒRSTER. L'école et le caractère	3.—
PIERRE. C'est la vie...	2.50
CH. MERCIER. Les prophètes d'Israël	1.60
EUGÈNE DE FAYE. Saint Paul	1.60
HENRI MONNIER. Qu'est-ce que la Bible?	1.60
Jean de Rougemont	1.75
XIVe Conférence d'Etudiants, Morges, 1908	1.50
Les étapes de la révélation en Israël (2me édition). . . .	1.20
TH. FLOURNOY. Le génie religieux (3me mille)	—.60
WILLIAM JAMES. La volonté de croire	—.60
WILFRED MONOD. Une question actuelle (2me éd.) . .	—.40
PAUL SABATIER. Du renouveau catholique....	—.40

Prix UN Franc